# 智能汽车产业创新生态系统

| 曹玉红⊙著

清华大学出版社

北京

## 内 容 简 介

本书综合运用生态学理论、协同理论、博弈论等科学理论,对智能汽车产业创新生态系统运行进行了深入研究,分析了智能汽车产业创新生态系统的内涵及功能,论述了智能汽车产业创新生态系统的演化机制、治理机制及发展模式,构建了智能汽车产业创新生态系统健康度评价模型,提出了提升智能汽车产业创新生态系统健康度的对策建议,以期从生态系统的新视角寻求提高我国智能汽车产业创新能力和产业国际竞争力的有效途径。

**图书在版编目(CIP)数据**

智能汽车产业创新生态系统/曹玉红著.—北京:清华大学出版社,2023.11
(清华汇智文库)
ISBN 978-7-302-64852-9

Ⅰ.①智… Ⅱ.①曹… Ⅲ.①智能控制－汽车工业－产业发展－研究－中国
Ⅳ.①F426.471

中国国家版本馆 CIP 数据核字(2023)第 212992 号

责任编辑:高晓蔚
封面设计:汉风唐韵
责任校对:宋玉莲
责任印制:宋 林

出版发行:清华大学出版社
   网  址:https://www.tup.com.cn,https://www.wqxuetang.com
   地  址:北京清华大学学研大厦 A 座  邮  编:100084
   社 总 机:010-83470000     邮  购:010-62786544
   投稿与读者服务:010-62776969,c-service@tup.tsinghua.edu.cn
   质量反馈:010-62772015,zhiliang@tup.tsinghua.edu.cn
印 装 者:小森印刷霸州有限公司
经  销:全国新华书店
开  本:170mm×230mm  印 张:10.25  插 页:1  字  数:145 千字
版  次:2023 年 12 月第 1 版      印  次:2023 年 12 月第 1 次印刷
定  价:98.00 元

产品编号:085494-01

　　本书的研究成果主要来源于同济大学产业创新生态系统研究中心及编者承担的 2018 年度国家自然科学基金面上项目(编号：71871134)、2017 年度软科学课题研究项目(编号：17692180604；17692103800)。本书综合运用生态学理论、协同理论、博弈论等科学理论，对智能汽车产业创新生态系统运行进行了深入研究，分析了智能汽车产业创新生态系统的内涵及功能，论述了智能汽车产业创新生态系统的演化机制、治理机制及发展模式，构建了智能汽车产业创新生态系统健康度评价模型并提出了提升智能汽车产业创新生态系统健康度的对策建议，以期从生态系统的新视角寻求提高我国智能汽车产业创新能力和产业国际竞争力的有效途径。

　　本研究目前的主要贡献表现为三个方面：第一，对智能汽车产业创新生态系统进化机制进行了研究，引入自组织进化机制和竞合协同进化机制的概念对创新生态系统内部运作进行了描述，在此基础上探讨了智能汽车产业创新生态系统的生态平衡条件；第二，分析了智能汽车产业创新生态系统治理机制，对各创新主体之间竞争合作过程中的规则和约束机制进行了分析，并设计了三类典型的智能汽车产业创新生态系统发展模式；第三，构建了基于平衡计分卡的智能汽车产业创新生态系统健康度评价模型并进行了实证研究，根据实证结果，从平衡计分卡四维度出发，对生态系统的发展提出了建议。

本书探索性提出的智能汽车产业创新生态系统发展模式,将会成为下一阶段研究的重点环节,三类模式的构建特点、运行规律和适用特征还有待进一步探讨和验证,恳请各位专家和读者批评指正,共同推进智能汽车产业的高效发展。

作　者<br>2023 年 8 月

# C目录
ontents

# 第一章
## 理论基础

## 1.1 智能汽车产业

早在 20 世纪 80 年代,智能控制理论与技术就在交通运输工程中被广泛应用,近年来,随着计算机、互联网、通讯导航、自动控制、人工智能、机器视觉、精密传感器、高精度地图等高新技术与先进汽车技术的快速融合,智能汽车(或无人驾驶汽车、自动驾驶汽车)已经成为世界汽车工程领域的研究热点和汽车产业增长的新动力,也成为国家制造战略及经济战略的重要抓手。智能汽车在全球具有广阔的市场,波士顿咨询集团预测:2025 年,智能汽车市值将到达 420 亿美元,2035 年,拥有辅助驾驶功能的智能汽车数量为 1800 万辆,而具有完全自动驾驶的汽车数量将达到 1200 万辆;普华永道预测:智能汽车技术的年销售额在 2017 年为 472 亿元,2022 年该销售额将变为 2017 年的 3 倍左右;IEEE 预测,到 2040 年,智能汽车可能颠覆当前的交通运输模式,智能驾驶将占据道路上行驶车辆数量的 3/4。

智能汽车是利用汽车上搭载的多种传感器,结合智能公路技术最终实现自动驾驶,其发展智能化的 5 个层级如表 1-1 所示。智能汽车的智能化主要体现在以自动驾驶替代人工操作,弥补人类感官能力的不足,减轻驾驶操作强度,消除人为因素造成的交通事故,并根据实时路况信息规划出行路径,最终实现道路交通"零伤亡、零拥堵"。相比传统汽车而言,智能汽车安全、高效、节能,已成为全球汽车产业界的关注焦点。我国政府在 2015 年 5 月发布的《中国制造 2025》战略中明确指出,开发应用智能汽车,既符合"人—车—路"协调发展的客观需要,也符合我国汽车产业发展的国家战略要求,是进入未来汽车工程领域关键核心技术制高点的必然选择。

表 1-1　智能汽车的 5 个层级

| 层　　级 | 定　　义 | 说　　明 |
|---|---|---|
| $L_0$:无智能化 | 驾驶员模式:驾驶员时刻完全控制汽车的原始底层结构。 | |
| $L_1$:具特殊功能的智能化 | 辅助驾驶阶段:有自动控制功能,以防范车祸。 | ★自主式:应用广泛,已由豪华车下沉至 B 级车。如:车道偏离警告 LDW、正面碰撞警告 FCW、车道保持 LKS、自动泊车辅助 APA。<br>★协同式:已在欧美日大规模实验。基于车联网 V2I/V2V 技术。 |
| $L_2$:具多项功能的智能化 | 半无人驾驶阶段:≥2 个功能融合成无人控制的危险探测和响应系统。 | ★高端车逐渐应用:自适巡航控制 ACC、紧急自动刹车 AEB、紧急车道辅助 ELA。 |
| $L_3$:限制条件下智能化 | 高度无人驾驶阶段:特定环境下无人驾驶,并判断是否恢复驾驶员模式。 | ★谷歌无人驾驶汽车:开发试验中,雾雪天气受干扰明显。<br>★沃尔沃率先量产全球首个无人驾驶技术——堵车辅助系统,ACC＋LKS,50km/h 以下自动跟行。 |
| $L_4$:全工况智能化 | 完全无人驾驶阶段:探测环境并在任意环境下无人驾驶。 | |

资料来源:美国高速公路安全管理局

## 1.1.1　产业链全景

智能汽车产业链包含上游关键系统,中游的系统集成以及下游的应用服务。其中,上游涵盖感知系统、控制系统、执行系统等关键系统;中游涵盖智能驾驶舱、自动驾驶解决方案以及智能网联汽车等集成系统;下游涵盖出行服务、物流服务等应用服务。

(1)产业上游

上游产业主要分为硬件和软件两大部分。硬件部分包括汽车的核心零部件,如传动系配件(变速器、离合器等)、制动系配件(刹车片、制动踏板等)、转向系配件(方向盘、助力泵等)、行走系配件(减震器、车架等)。传统汽车以燃油驱动,上游供应商还应包括发动机配件,如气缸、油泵等。但随着新能源汽车技术的发展,电池动力在智能汽车领域的应用更为广泛,电容器、电池材料的供应在未来会成为主流。智能汽车少不了核心的传感系统和自动驾驶相关的零配件,传感系统的核心零配件包括作为汽车"眼睛"的激光雷达、毫米波雷达及相关的精密光电透镜与薄膜,能快速有效地收集汽车行驶环境、行驶状态的相关数据,相关的供应商如欧菲光、禾赛科技等。数据被收集以后需要经过"大脑"的处理和运算,汽车才能智能化地作出各种反应。因此高端芯片成了承载数据处理和运算能力的基础,其核心供应商主要包括提供核心集成电路板、分立装置的相关企业以及提供集成化和相关工业设计的供应商,如高通、英伟达等。智能汽车软件的核心在于数据的计算处理以及智能系统与驾驶者的交互上,百度和谷歌深耕智能 AI 领域多年,是高级辅助驾驶系统的重要软件提供商;科大讯飞是语音识别的重要供应商,帮助实现驾驶人对汽车的语音操控;视像识别供应商,如海康威视等,能帮助监控车内外情况,提升行驶安全性。智能汽车还需集成高清地图,获取详细的地理信息,有助于汽车规划行驶路线和执行自动巡航等,相关的供应商包括四维图新、高德等。

（2）产业中游

产业中游是整车制造商，负责集成上游软硬件，提供相应的工业设计。以特斯拉 Model X 为例，在硬件上它集成采用松下 18650 圆柱电芯，系统能量密度约为 250Wh/kg，同时推出家用储能产品 Powerwall，软件上它基于开源的 Linux 进行车载系统研发，保持独立性，提高后期系统升级的兼容度，同时还集成 ADAS 系统，采用摄像头＋核心算法的方式实现 L2-L3 级别的自动驾驶功能。传统车企在智能化、电动化的大背景下，也正在往智能汽车集成化方向靠拢，比如，广汽集团与腾讯签订战略合作协议，双方将在车联网服务、智能驾驶、云平台、大数据、汽车生态圈、智能网联汽车营销和宣传等领域开展业务合作，同时探讨在汽车电商平台、汽车保险业务以及移动出行和新能源汽车领域开展资本合作，以共同推动双方业务的发展。

（3）产业下游

产业下游主要是面向消费者的汽车服务商。如易车网采用商城模式，向购买者提供汽车参数、报价等信息，沟通消费者与汽车厂商，撮合交易。汽车金融机构向消费者提供购车贷款、分期付款、融资租赁等服务，缓解购车压力，增大消费需求。此外，汽车后市场为消费者提供汽车的维修、保养、美容等服务，服务厂商还能给驾驶者提供生活和周边娱乐活动等信息，一站式解决出行难题。

## 1.1.2　产业特征

智能汽车主要是通过智能信息的交换，最终实现行车的环境感知、科学的规划决策、多等级辅助驾驶，直至最终的无人驾驶，其产业的发展强调技术先进、环境完善和生态和谐。不同于传统汽车制造产业，智能汽车产业具有以下特点。

（1）典型的创新驱动型产业

智能汽车以汽车为载物，需要通信、软件、信息、分析、识别等多种技术跨界参与。因为跨学科所以可能存在,比如通信的传输、信号之间的联系、链路物理层等协议标准不一致的问题,造成数据传输滞后等多种问题。怎样使通信、接口、检测等标准和协议能够统一,怎样将这些技术高度集成并促成信息融合,怎样多学科联动,都是智能汽车发展中面临的主要阻力和挑战。特别的,现在智能汽车发展有几个技术亟须突破:语音识别技术、多传感技术、计算机视觉的场景识别技术、大数据技术、云计算技术等,这些都是影响未来智能汽车第一阶段向第二阶段迈进的技术枢纽。如语音识别作为触控屏幕之外的另一个命令入口,因为其无需分散驾驶员太多精力从而有效提升安全性,预计未来将是智能汽车搭载率最高的软硬件之一。

(2)面临着政府的高度规制

智能驾驶新技术与新业态的出现必然带来新议题,如安全驾驶的判定,数据的隐私与安全,以及随之而来的社会的分化处理,解决这些新议题的最为科学有效的途径则是政府相关规制政策的研究与制定。如果说现阶段智能驾驶汽车技术发展和产业应用对于社会分化、数据隐私与安全等问题的考虑过于"多虑",但民事责任归责问题却是急需解决的现实问题。首先,智能汽车这一机器作为法律主体存在法律障碍,现有的建立在人类行为因果关系基础上的法律规制体系需要进行调整;其次,智能驾驶技术层面的复杂性及"黑箱"性会使得寻找导致事故的因果链条困难重重,如果将事故责任简单化为"产品责任",将会加重生产者负担而不利于产业发展,而过分减轻生产者负担又有可能损害消费者利益。解决这些困境的唯一办法是回到具体规制政策的制定上来。政府部门需要有合理的规章制度,既能确保智能驾驶的安全性,又能保证其发展的可持续性。

(3)需全产业链协同推进

智能汽车作为一个集汽车零部件、传感器、芯片、高精地图、大数据、应用平台等为一体的高新科技综合体,整个产业链上中下游之间的协同发展变得至关重要。互联网企业进入智能汽车产业后,给传统汽车界带来了巨大的冲击,把传统车企不敢想的东西都变为现实,再加上大量资本进入汽车智能化,促使智能汽车的技术路线图发展得更快,这种背景下,产业链深度融合、协同发展才是唯一出路。通过协同设计、生产、销售与服务,共同推进核心技术自主化、汽车和基础设施智能化、运行监管规范化,敏捷捕捉消费者需求,快速响应市场变化,规避经营风险,优化部署各类资源,共享数据与服务,提升产业链整体效率。

## 1.1.3 创新价值

智能汽车产业创新发展,至少在以下五个方面具有显著价值。

(1) 缓解交通堵塞

2008 年以来我国汽车保有量逐年递增,每年的汽车产销量更是节节攀升,至 2018 年底全国汽车保有量达 2.4 亿辆(如图 1-1 所示),年增长速度保持在 13% 以上,增速连续五年雄踞全球第一。根据前瞻产业研究院的预测,到 2025 年,整个汽车产业发展将保持强劲势头。高企的汽车保有量给很多城市造成了严重的交通堵塞问题,它不仅增加了油耗造成污染,使得城市难以应对突发状况,也强化了驾驶员的愤怒烦躁心理,进而损害人们身心健康,更

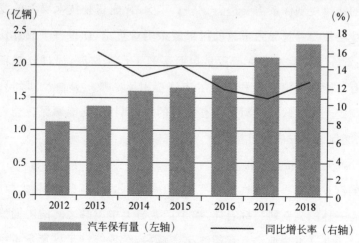

图 1-1　我国汽车保有量及其增长率

为整个城市的形象抹黑。这在北上广深等一线城市尤为突出，也有加速蔓延到众多二、三线城市的趋势。研究认为除庞大的机动车保有量外，城市交通道路堵塞主要是司机焦虑和疲劳状况下引发车辆碰撞事故、交通信号灯设计不合理造成。这对智能交通与智能汽车都提出了要求，比如，利用大数据技术，使每位出行者可以通过云端来预定科学有秩序的行车路线和行车目标，这将缓解城市的交通堵塞，保障交通命脉畅通。

（2）避免交通安全事故频发

世界范围内，频发的交通安全事故给人们带来难以计数的人身财产损失和精神伤害。以中国为例，中国是世界上交通事故死亡人数最多的国家之一，根据公安部交管局的数据，2014 年全国交通事故死亡人数为 34292 人，比 2013 年的死亡 31604 人增加了 2688 人，增长率为 8.5％；相比 2012 年的死亡 30222 人，增加了 4070 人，增长率为 13.47％；相比 2011 年的死亡 29618 人，增加了 4674 人，增长率为 15.78％。2015 年全国交通事故死亡 35738 人，我国 2015 年全年各类生产安全事故共死亡 66182 人。2016 年交通事故涉及人员伤亡的道路交通事故 212846 起，造成 63093 人死亡、226430 人受伤。2017 年造成 63772 人死亡、209654 人受伤。2018 年情况稍有好转，在汽车保有量增加 2285 万辆、达到 2.4 亿辆，驾驶人增加 2455 万人、达到 4.09 亿人，道路通车里程新增 8.6 万公里、达到 486 万公里的情况下，全国道路交通事故死亡人数比 2017 年减少 578 人，下降 0.9％。分析表明，九成以上事故都是因为汽车驾驶员违法行驶引起，如未按规定让行、超速、无证驾驶、逆向行驶、疲劳驾驶、非法变更车道等（如图 1-2 所示），这催生了对汽车"自主"安全的迫切需求，这些典型的事故类型完全可以由搭载了安全辅助驾驶设备的智能汽车所避免或者减轻。

ADAS 系统可显著减少驾驶员误操作概率，根据 e-IMPACT 对于安装 ADAS 系统后减少交通事故死亡率的估测，当 ESC 渗透率达到 100％时，可减少 30％事故死亡率，LKA（车道保持辅助）可减少 18％（如图 1-3 所示）。

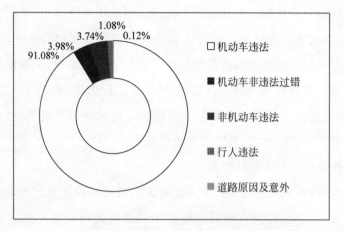

图 1-2　2013—2018 年中国交通事故主要原因类型

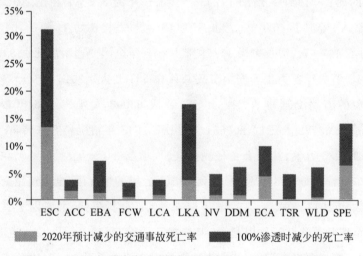

图 1-3　ADAS 各项功能对于降低交通事故死亡率具有重要意义

（3）解决停车需求

根据国际惯例,停车位与汽车保有量的比例应在 1∶1.2～1.4 之间,取 1.4 计算,预计 2024 年我国汽车停车位理论需求为 41074 万个。而按照目前我国停车场的发展速度来看,到 2024 年我国停车位数量仅能达到 1681 万个,缺口巨大,车位资源十分稀缺。大众对停车的需求存在三种类型。一是对于新手、年轻和年老的驾驶员而言，这类群体本身就不擅长停车，他们需要完备准确的提醒才能将汽车停到位；二是未来停车资源稀缺，密集停车将成为趋势，而这需要驾驶者离开汽车，通过手机来控制汽车停泊；三是未来由于停车资源越来越少，驾驶员更加需要远距离预定车位，甚至是在停车过程中智能寻找停车位的停车方式。这些都催发了对智能泊车、位置服务等智能汽车技术的发展要求。

（4）满足信息需求

汽车对于信息的需求主要有两个方面。一是驾驶者对信息的需求，包括移动办公与娱乐，购物与餐饮等，这些需求是非常强烈和多样化的。二是汽车对车联网、对安全的需求，这是智能汽车之所以"智能"的关键。未来汽车驾驶者和汽车本身都是重要的移动信息终端，如何开发将信息和智能汽车相关联的信息系统是智能汽车最重要的需求。综合看来，整个智能汽车产业的驱动力主要来源于人们对智能汽车"保护人""帮助人""理解人"的各种需求。

（5）节能环保

节能环保一直以来都是汽车智能技术发展的重要课题。博世起动机和发电机事业部中国区总裁孙国忠在"博世起动停止系统"的报告中就提出，起停系统作为智能汽车的重要技术成果，旨在节能燃油、降低排放。博世的测试数据显示，应用博世起停系统之后，NEDC的城市工况大概节油10%左右，模拟城市工况要略高一点，10.5%，在典型的城市道路测试的结果，平均达到了19%。这组数据充分显示出起动停止系统的这种节省在实际道路上比NEDC和模拟的城市工况下要高得多。爱达克车辆设计（上海）有限公司首席运营官张振威表示，智能技术的发展和轻量化技术的发展，给汽车带来了一种新的发展方向，不仅仅是车的驾驶性能会成倍提高，协同式交通系统还可降低油耗20%～40%，同时，共享经济，人机共驾，车辆共享也会得到很大的发展。

## 1.1.4 创新挑战

智能汽车产业的创新绝非仅限于技术研发,而是包含了一系列创造性活动的复杂过程,在这一过程中,面临着诸多亟待克服的挑战。

(1) 投入成本高

智能汽车产业是典型的研发密集型产业,研发投入占其销售收入的比重远超其他任何产业。如技术的研发,开发大量稳定可靠的传感器等电子设备和软件带来的巨大成本是智能汽车产业化的一大发展瓶颈。以车载导航系统为例,它可分为前装和后装两种方式,前装系统进入整车生产的产业链,在汽车出厂前组装在车辆上,后装系统则是在车辆使用的过程中根据车主的需要加装到车辆上。前装车载导航系统比后装更为精确可靠,它作为标准配置安装到车辆上势必提升车辆价格,而在国内汽车市场竞争激烈、绝大多数消费者对汽车的价格还是很敏感的背景下,动辄数千上万的前装价格决定了厂商(特别是产销中低端车型的厂商)既不可能轻易将其作为标配、消费者也不能轻易为这些所谓的"智能"因素配置埋单这一局面产生。未来智能汽车上将安装各类高科技传感器,体现各种计算机技术,谷歌无人驾驶汽车所配备的大量传感器成本就高达 25 万美元,总成本逾 30 万美元。毫无疑问它们的价格将随着技术的成熟而逐渐降低,但在相当长一段时期内这些设备或装置依然难以亲民。如何显著降低软硬件成本,成为推广智能汽车广泛应用的关键。

(2) 信息安全难以保障

智能汽车的网络化、自动化程度极高,这也使得它成为黑客攻击的新目标。攻击者将可能利用汽车的蓝牙、远程信息处理系统或者车载手机应用程序漏洞,入侵汽车的信息网络,发送指令来操控汽车的物理功能,如自动停车、转向、加速和制动,使得汽车完全脱离驾驶员意志控制,带来重大安全隐患。在 2013 年举办的 Def Con 黑客大会上,两位软件安全工程师就曾在现场演示了如何经网络侵入汽车软件漏洞,从而控制丰田普锐斯和福特翼虎的刹车系统。这些攻击有的可能需要攻击者身处目标汽车的几米范围内,但远程控制的攻击则没有距离限制。对汽车而言,对智能化的追求是建立在安全之上,失去了安全可靠性,这样的"智能汽车"甚至不如没有计算机化和联网功能的普通汽车有吸引力,一切智能化都只是一纸空谈。未来随着汽车智能技术的大规模普及,势必树大招风,吸引越来越多黑客的注意。如何保障未来汽车消费者的信息安全,是智能化汽车发展道路上首要解决的问题。

(3)法规障碍短时间消除困难

智能汽车的快速发展不仅革新了既有观念,也对现有法律法规提出了新的挑战。例如,联合国汽车技术法规 UN/ECE R.79 5.1.6.1 规定,当速度超过 10 公里/小时,汽车的自动转向功能就应当被自动禁用,此规定极大限制了汽车自动转向系统,特别是变道辅助和车道保持辅助系统在智能汽车上的应用。再如,涉及 72 个国家的《维也纳协定》(道路交通公约部分)明确要求车内必须安装有刹车和方向盘等部件,同时必须有人自始至终都掌控着方向盘,而谷歌的无人驾驶汽车是没有刹车和方向盘等部件的,所有无人驾驶的目的都是要解放双手,这明显违背了传统的交通法规。智能汽车的发展涉及诸多的此类法律法规,上路测试的许可和监管、交通事故的侵权责任认定、个人数据保护和信息安全等,这些问题都有待通过立法加以解决。现阶段法规存在阻碍自动驾驶市场化现象,各国通行的交通法规没有跟上无人驾驶的研发进度,如何将无人驾驶合法化成为未来无人驾驶汽车市场化的一大障碍。

(4)任务复杂、涉及主体多

智能汽车产业链一般需经历三个演进阶段(如表 1-2 所示),在各产业链发展阶段,涉及的主体包括了政府管理部门、大学、研究机构、信息部门、汽车制造企业等。任务复杂、涉及主体多,要想发挥较强的竞争优势,主体间的任务分配、协调配合至关重要。

表1-2  智能汽车产业链的演进阶段

| 阶 段 | 阶 段 特 征 | 简 要 描 述 |
|---|---|---|
| 第一阶段 | 以汽车制造商为中心 | 智能汽车在传统汽车的技术上增加了一些导航、车载通信、娱乐增值服务,扩展了汽车功能和体验。汽车制造商积极推动并决定使用哪些设备和功能以体现各自的差异化优势,并获得智能汽车带来的大部分价值。 |
| 第二阶段 | 影响力此消彼长,汽车制造商地位下降,其他主体地位上升 | 围绕无人驾驶的终极目标,包括传感器、通信和人工智能技术等在内的汽车智能技术将进一步完善和突破,对数据分析和判断能力的要求成为众多软件厂商的机遇,造成四者相对力量的变化。 |
| 第三阶段 | 通力合作争夺产业链的主导地位 | 汽车成为"智能移动机器人",产业链完善,关键技术已成熟。汽车电子设备厂商与软件厂商整合形成智能汽车综合解决方案提供商,通过扩大自身规模与汽车制造商争夺产业链支配权,并且电子设备厂商和软件平台厂商双方也将进行权力较量。 |

# 1.2  产业创新生态系统

## 1.2.1  内涵

随着对产业创新研究的深入,人们发现有些产业在创新发展过程中出现了诸如生态恶化、信用下降、低水平恶性竞争、竞争力下降等现象。这促使人们开始从生态角度思考产业创新的未来发展,并使之成为当前研究的热点之一。现有很多学者从不同的角度给出了产业创新生态系统的相关定义,较为典型的如表1-3所示。

表 1-3　国内外学者对产业创新生态系统的相关定义

| 提 出 者 | 概 念 |
|---|---|
| 颜永才(2013)、Adner (2006)、蒋珠燕(2006) | 基于共同的创新目标,在特定地理区位和产业领域内聚的各种不同创新组织,彼此之间以及与其相关环境之间密切联系、相互作用,通过资金交换、知识传递和人才流动,成为具有特定空间、稳定结构和创新功能的动态平衡整体。 |
| 张运生(2008)、张利飞(2009) | 由产业以技术标准为创新耦合纽带,在全球范围内形成的基于构件模块的知识异化、协同配套、共存共生、共同进化的技术创新体系。 |
| 傅羿芳(2004)、隋映辉（2003)、黄鲁成(2003) | 在某一地理区位中,以一个主导产业为中心,大量联系密切的创新组织以及相关支撑环境要素在特定空间上集聚,通过各种进化方式,持续不断地促进技术创新、知识创新、组织创新、制度创新,形成了具有自组织性和可调控性的创新网络系统。 |
| 潘岳 & 吴永忠(2016) | 在多种创新行为的综合影响下,为进行创新活动而结成创新网络并与外界环境相互作用而形成的具有创新生态系统特点的产业系统。 |

产业创新生态系统作为一种新型的创新网络系统,不仅具有创新网络的一般特征,同时它还具有以下几个重要特征。

（1）生态位分离

创新生态位的分离是创新生态系统建立的基础。创新生态位是指在特定区域内,创新组织对各类创新资源的利用和对环境适应性的总和。当两个创新组织使用相同的创新资源或者占有相同的环境变量时,创新生态位就会出现重叠,竞争就随之而来。最终由于这两个创新组织无法占据相同的创新生态位,从而导致创新生态位发生分离。跟自然生态系统一样,创新组织的创新资源、产品类别和市场基础越相似,创新生态位重叠程度就越高,它们之间的竞争就越激烈。所以创新组织必须开发与其他组织有差异的生存技能,找到最能发挥自身优势的位置,成功实现创新生态位的分离。事实上,成功的创新组织总能够找到一个合适自己的创新生态位。创新生态位的分离在降低了竞争的同时,还为创新组织之间的功能耦合创造了有利条件。

（2）边界模糊性

创新生态系统不是一个封闭式的系统，而是与外界有着广泛的联系，系统的内部组成要素的边界与系统总体的边界都不明显，呈现网络状结构。这种网络状结构主要体现在两个方面：一是每一个创新生态系统内部都含有众多小创新生态系统，同时它本身又是更大的一个创新生态系统的一部分，也就是说，边界可根据实际需要而定；二是某一创新组织可同时在多个创新生态系统中生存，例如，飞利浦不仅和美国电报公司进行光电技术方面的合作创新，还和德国西门子公司合作研发统一的电话系统。产业创新生态系统的边界模糊性或者说系统的开放性，决定了系统中信息、技术、人才、思想的高速流转，创新也在系统中循环向上发展，开放性的系统也为创新提供了养料，使创新活动在开放式的环境中得以发展，赋予创新源源不断的生命力。

（3）动力内部性

创新生态系统的动力并非来自外部系统或系统的顶层，而是来自系统内各要素或子系统之间的相互作用。按照协同学的基本思想，它们通过了系统自发的相互作用，并产生了系统规则。可以看出，复杂性模式并非产生于外部指令，而是产生于低层次子系统彼此之间的竞争和协同作用。通过竞争和协同，系统内各子系统将一些明显的竞争趋势进行优势化，从而控制着整个系统从无序向有序发展。作为一个复杂适应系统，创新生态系统内的各种创新组织在一定的规则下，通过自我管理和低层次的相互作用，推动着创新生态系统逐渐向高层次有序进化。

（4）主体多样性

主体指的是独立的个体创新细胞组成的具有一定结构的单位成员，如高校、企业、科研机构等。对创新生态系统而言，系统成员的多样性至关重要，也是不可或缺的：一是创新组织的多样性为其应对环境的不确定性起着一个缓冲作用；二是多样性对创新生态系统的价值创造很有帮助；三是多样性是创新生态系统实现自组织的前提条件。生态系统内的各种主体在环境中各自发挥着不同的重要作用，主体和主体之间、主体和环境之间形成了复杂完整的网络,生态圈内构成了一个物质与能量流动的良性循环,一旦网络链出现断裂,系统功能将无法正常发挥。多样化的系统成员不仅极大地丰富了创新的模式,还能够起到资源互补的作用,使各类创新能够在系统中相互协调进行,共生发展。需要指出的是,在众多的系统主体中,核心关键成员对维持创新生态系统的健康至关重要,它对整个群落都有很强的控制力,承担着抵抗系统外界干扰的重要责任,是应对外界干扰的缓冲器,有力地维护着创新生态系统的结构、生产力和多样性不受破坏。

(5) 自组织特征

自组织功能是创新生态系统循环向上发展的保证,自组织能力越强,创新生态系统抵御外界影响以及保持创新的能力就会越强。在创新生态系统微观层面,创新主体能够根据市场竞争状况、各级政府的政策,及时调整创新战略,能够根据自身创新需求,积极同其他主体进行合作,协同创新,促进系统资源配置、运作效率的良性循环。在创新生态系统宏观整体层面,产业管理部门、政府科技主管部门会通过科技政策调控,保护系统避开外界不利因素的冲击,让系统具有较强的修复与恢复能力,维持系统的稳定与平衡,推动系统的进化和变异,最终保持系统前进的生命力,使产业创新生态系统从无序走向有序,从低级走向高级。

## 1.2.2　主体构成

(1) 主体构成

产业创新生态系统由产业创新主体体系与产业创新环境体系组成。产业创新环境体系包括创新政策、创新资源和创新文化等相关因素组成。产业创新生态系统的创新主体体系由核心创新主体、辅助创新主体和催化创新主体组成。

核心创新主体。企业是产业创新生态系统中最主要的参与者,是一切创新的出发点和落脚点,是技术创新的实施主体。作为一个以营利为目的的生产经营组织,企业具有市场竞争的外部压力和技术创新的内在动力,在深入了解市场需求的基础上,企业积极进行技术开发,并将其与生产和营销服务有效地结合起来,实现全过程的技术创新,来获取超额利润。另外,企业还同时扮演着多重角色:向高校和科研机构提供技术需求和资金,通过产学研平台的形式为高等院校提供科学研究的物质资源等,然后将科研机构的研究成果转变为生产技术,并转化为产品流向市场,最终让技术促进整个社会的发展。

辅助创新主体。辅助创新主体也是原始创新的主体,以高等院校和专业科研机构作为体现形式,它们直接参与新知识和新技术的创造研发、传播和应用,在整个产业集群创新生态系统发展中显现出很强的"溢出效应"。高等院校和专业科研机构为产业创新生态系统提供了创新来源,是产业知识、技术和人才的主要供给者,在产业创新生态系统当中,受到作为核心创新主体的企业的直接作用,其研究方向受到企业的直接引导,其研究成果要适应企业的生产经营需求,同时,要以产业经济和企业所提供的平台才能够将其研究成果转变为能够对整个社会产生作用的技术成果,因而居于辅助地位。在目前的科技创新活动当中,企业内部也在逐步产生科研机构,而部分研究机构也正在逐步地走向公司化和企业化的运营模式,核心创新主体和辅助创新主体具有相互融合的趋势。

催化创新主体。产业创新生态系统内部的各个主体在进行科技创新和技术成果推广的过程当中,均面临着风险和不确定性,具有开创性的研究成果往往需要非常巨大的研发投入,研发的周期也相对较长,此时,催化创新主体的强力支持显得至关重要。催化创新主体以政府和金融机构为主。政府在催化创新主体当中占据非常重要的地位,通过政策支持鼓励和引导相应技术的创新、通过财政资金的划拨直接降低相关企业和研究机构的投入风险、通过对知识产权的认定保护智力成果从而维护科学技术成果不断产生和向社会有效流动的整体秩序。作为催化创新的另一大主体,金融机构的作用也是非常重大,由银行金融机构、非银行金融机构和创投机构这三部分组成。良好的金融环境和发达的金融市场是大幅提高科技创新能力的基础和保障,如果"科技"是创新生态系统的"心脏",那么"金融"则相当于新鲜的"血液""科技"和"金融"的有机结合,可以为创新生态系统建立良性的循环系统。

中介机构。中介机构是创新主体之间信息沟通及中介服务的主体,是技术供给方和应用方的连接桥梁和纽带,通过自身的信息优势将创新生态系统进行有机整合,使政府、企业、研究机构和金融市场当中的主体可以有效对接,对加速创新知识和技术的扩散以及科技成果的转化具有重要意义。现有的中介机构分为公共服务机构和产业代理机构两种:公共服务机构由技术交易机构、人才中介、会计师事务所、律师事务所、咨询机构等构成,为创新活动提供各种资源的载体,技术市场为技术扩散、应用和转化提供信息平台,人才市场为创新人才的流动和合理配置提供保障,会计师事务所等为创新组织提供财务、法律等方面的咨询;产业代理机构为行业协会、企业家协会和技术交流协会等组织,这些机构通过定期或非定期的活动,加强人员交流的频度和强度,使信息能够有效地共享。

(2)主体间相互关系

产业创新生态系统中的主体借助产业链这个载体,通过资金流、物流、信息流、知识流、人才流、政策流的汇集和转化,共同促进产业创新能力的提升,在协作过程中,主体间关系如图 1-4 所示。

企业是核心主体,企业受政府政策、税收、金融、财政、法律、专利等方面管制,同时企业也影响政府的政策制定,金融机构、工程中心、孵化中心、人才市场等机构可以促进企业的发展,也从企业得到回报。政府起宏观管控作用,制定的政策是重要的环境因素,政府会直接或间接作用于各主体,如政府会直接作用于企业,同时还会通过作用于催化创新主体、中介机构等主体间接作用于企业,各主体要受到政府政策的约束,又反过来影响政策的制定。大学和科研机构,大学提供人才给人才市场,同时与工程中心有充分的合作,还把研究成果提供给技术市场并得到回报,科研机构与工程中心有充分的合作还把研究成果提供给技术市场并得到回报,当然大学和科研机构也可能直

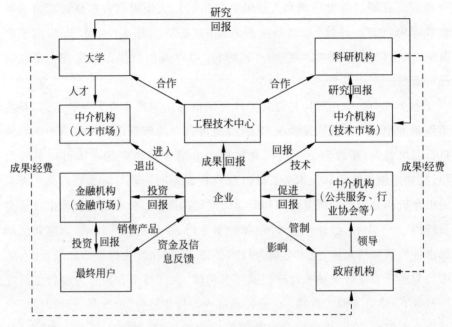

**图 1-4　产业创新生态系统主体构成及关系**

接与企业有联系,甚至可能创办企业。中介机构为其他主体的良好运作提供必要的支持。金融机构接受各种资金提供者包括最终用户(因为最终用户也是资本拥有者)的资金,并投资到企业,得到回报,然后转给最终用户等资金提供者。

## 1.2.3　结构设计

产业创新生态系统的结构主要指构成产业创新生态诸要素及其量比关系,各组分在空间、时间上的分布,以及各组之间能量、物质、信息流的途径与传递关系。生态系统结构主要包括空间结构和时间结构两个方面。

(1) 空间结构模型

空间结构模型是指产业链条上各企业之间及企业和高等学校、科研院所、中介机构、金融机构、政府机构之间相对稳定的联系网络,该网络模型基于各创新组织之间在长期的正式或非正式的合作与交流,把创新主体企业和其他参与者的创新活动联系起来,并将每个创新组织的不同功能相互整合,进而实现产业内主体的自主创新和产业链整体的升级。产业创新生态系统的空间结构模型如图 1-5 所示。

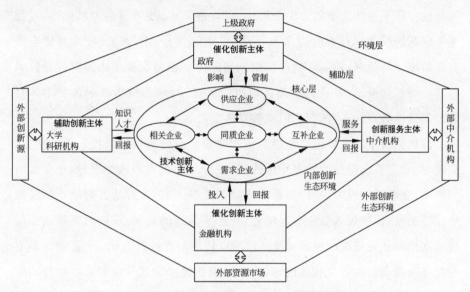

**图 1-5 产业创新生态系统空间结构模型**

图 1-5 中的四类主体,它们有各自的态位和功能。

技术创新主体由企业和由企业发展而来的企业联盟组成。在新形势下,企业发展要由重点扩大生产能力转向重点提供创新能力,以不断增加拥有自主知识产权的技术,从而取得竞争优势。技术创新主体主要功能是:吸纳主要来自原始创新主体的原创技术,将其转化成产业技术,进而设计、生产和销售产品,从而体现创新活动的市场价值;支持和参与辅助创新主体的创新活动,以扩大原创技术的来源,吸纳社会的"创新资产"以增强科技实力,占有市场。

辅助创新主体主要包含大学和科研机构。大学是新知识汇聚和高水平人才聚集的地方。大学不仅起着培养人才、生产和传播知识的作用,而且由于具有涉猎世界科技前沿、研究气氛浓厚、学科交叉渗透和科研设施较好等优势,因而有较强的原始创新和综合创新能力。辅助创新主体拥有大量的人才、知识储存,是新产品、新技术的提供者;主要功能有:提供战略性和前瞻性的研究成果、供应原创性技术、提供创新创业人才,以不断产生新企业或新的经济增长点。

创新服务主体主要包含中介机构,以促进知识、技术转移为目标,通过促进各创新组织之间有效的沟通和互动,实现信息、人才、知识、技术和资金等资源的流动与共享,提高各创新组织创新能力。创新服务主体拥有创新技术和产品的扩散渠道,并且是续接其他组织的纽带,该系统为其他各类主体良好运作提供必要的支持,使它们能够发挥最大效用。

催化创新主体主要包含金融机构和政府。金融机构以其投入进行催化,实践中,生态系统接受的是多元化的创新投入:以政府投入为引导,企业投入为主体,金融机构投入为补充,系统接受创新投入后,通过地方财政管制及其他经济手段,促使投入资金合理配置,并产生倍增的效果,形成对系统创新的持续支持和社会资源的有效动员。政府以法规制度进行催化:一是制定和完善促进科技创新的各项政策措施,为区域创新提供宏观导向和高效运行的软环境;二是加强基础设施建设、合理配置创新资源,为区域创新提供优良的硬环境和优质服务;三是协调各创新主体间的关系,推进各主体的结合和良性互动。政府制定的政策是创新生态系统的环境,是政府作为创新生态系统的制度创新主体实现作用的主要手段。在产业创新生态系统中,这几个创新组织的生态位没有发生重叠,每个组织都有各自的特点和优势,它们结合在一起能够实现优势资源的互补。

（2）时间结构模型

产业创新生态系统时间结构模型描述的是在发展过程中,系统为了适应环境和资源的变化而处于不断变化的状态,也就是生态系统空间结构的动态演化过程,一般情况下,这个动态演变过程会经历三个阶段:形成阶段、发育阶段和成长阶段,如图1-6所示。

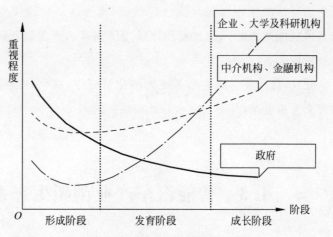

**图1-6 产业创新生态系统时间结构模型**

形成阶段。这一阶段是产业创新系统的构建时期,其组成要素并不完整,系统的建立要靠政府推动,企业、大学和科研院所虽然都进入创新领域中,其科研开发力量仍是分散、无序的,合作创新是脆弱、随机的,市场作用还很不突出,中介机构和金融机构很不健全。同时,在产业创新生态系统的形成阶段,构成产业创新生态系统的许多基础设施还很不健全,需要政府进行投资与建设。

发育阶段。这一阶段开始由政府单独推动技术创新逐步转变为向市场多元主体共同推动技术创新,企业、大学与科研机构之间的联系在市场作用下进一步加强,中介机构和金融机构得到较大发展,创新组织与创新生态系统的实力得到增强,表现为新产品不断涌现,引进基础上的消化吸收和国产化水平不断提高,企业技术改造速度加快,经济得到较快增长和人民生活水平得到迅速提高。这一时期的特征是市场和政府共同推进技术创新。现阶段,我国大部分地区的产业创新生态系统建设就处于这一阶段。

成长阶段。在这一阶段,产业创新生态系统的产业化和商品化水平基本跟上社会需求,系统的对外输出有突出份额。此阶段的特征是政府的作用已退居次要而让位于市场,市场在组织、调整、配置资源方面起着主导作用。由于前两个阶段的建设,产业创新生态系统的中介机构、金融机构和创新生态环境的作用得到发挥,创新组织成为这一阶段实现产业创新生态系统整体功能的核心。西方发达市场经济国家的产业创新系统建设大多处于这一阶段。

此外,在产业创新生态系统的演化过程中,演化的三个阶段之间必然存在着交叉和重叠,并不是完全分开和独立的。

# 1.3　智能汽车产业创新生态系统

一个产业能真正成长起来,需要有突飞猛进的尖端力量,更需要一个完善的产业生态体系支持。体系建不起来,这个产业就难以持续。在智能汽车时代,传统汽车产业链发生了一种颠覆性的变化:新力量还没有完全主导产业,已有力量也很难承担起智能变革责任。这意味着在智能革命时代,这个产业链需要重构、需要完善。本部分主要是对现有产业生态系统的现状和所处环境进行分析,为后续的分析提供一定的理论基础。

## 1.3.1　基本功能

智能汽车产业创新生态系统的发展依赖于各类创新主体、创新资源以及创新过程的深度融合,基本功能是为智能汽车产业的内部稳定有序生存和外部创新扩散发展提供强有力的支持,并使之处于动态平衡。

(1) 稳定内部发展

完善的智能汽车产业创新生态系统拥有一种较强力量的"稳定结构",主体数量、研发成果、产品更新、技术转化金额均表现出较为稳定的状态,系统内部各创新主体之间、创新主体与外部环境之间都保持着井然有序的运行。在创新生态系统稳定发展过程中,政府发挥关键引导作用,在产业发展战略规划、科技政策制定、内外机制完善、生态环境调控、人才培育与流动、社会文化支持等领域起着积极维护的作用。制造企业和研发机构承担核心功能,进行技术的生产和应用,同时,通过知识和资源的流通,保持产业生态系统的良性循环,避免由于生态失衡而给整个创新生态系统造成生存性危机。竞争力较强的智能汽车产业创新生态系统往往会表现出一种较强力量的"作用场":科技创新周期缩短、产品更新加快、淘汰速率提高,这会让整个创新系统的内部企业拥有一种无形的先发优势和垄断优势。

(2)激发创新扩散

创新生态系统在本质上是不同创新联系的有机组合,智能汽车产业创新生态系统亦是如此,它是一个网络结构,这种结构为不同主体之间的交互学习和快速共享提供了非常有利的条件,让创新成果占据前沿领域、抢夺市场份额形成较强的竞争力,并不断拓展出新的创业空间与产业发展优势,构成一种未来的发展势能和领导力量。因此,在智能汽车产业创新生态系统的发展与演化过程中,它对其所在的整个区域的经济、社会和自然环境的发展具有较为重要的作用,主要体现在三个方面:一是驱动经济发展,增强区域经济和产业整体竞争力,加快产业结构的优化、促进区域经济发展、提高整体竞争优势;二是服务社会发展,改变人类社会生活方式,改善人民生活质量;三是促进生态文明建设,以降低自然资源的消耗来保护生态环境,其新产品、新技术、新工艺及创新过程还能带来社会公益价值和文化引导价值。

(3)自我反馈和调节

智能汽车产业创新生态系统主体繁多,涉及政府、制造企业、研究机构、信息软件企业等各个领域,创新主体间通过信息共享,及时了解市场动态和顾客需求,及时掌握系统内的创新和运行状况,可以实现创新资源的合理配置。同时,不同于单个汽车制造企业的技术创新面临着诸多挑战,智能汽车产业技术创新生态系统具有与环境相协调的动力机制、传导机制、扩散机制、协调和保障机制,很好地促进了系统内创新主体对环境变化的自适应、自调节和反馈,能够共同应对外界环境的变化,提升各创新主体和相关主体的抗风险能力。

## 1.3.2 基础环境

### (1)政策环境

20 世纪 90 年代,欧、美等发达国家已开始大力推行智能汽车发展战略,相关的创新驱动措施也在不断完善。亚洲多国均对智能驾驶制定了多项相关政策,促进智能驾驶汽车与现有交通系统的融合,并鼓励智能汽车的发展(如图 1-7 所示)。

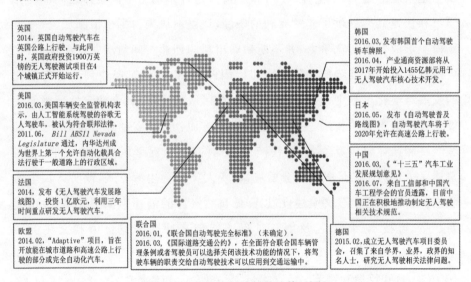

**英国**
2014,英国自动驾驶汽车在英国公路上行驶,与此同时,英国政府投资1900万英镑的无人驾驶测试项目在4个城镇正式开始运行。

**美国**
2016.03,美国车辆安全监管机构表示,由人工智能系统驾驶的谷歌无人驾驶车,被认为符合联邦法律。
2011.06,*Bill ABS11 Nevada Legislature* 通过,内华达州成为世界上第一个允许自动化载具合法行驶于一般道路上的行政区域。

**法国**
2014,发布《无人驾驶汽车发展路线图》,投资 1 亿欧元,利用三年时间重点研发无人驾驶汽车。

**欧盟**
2014.02,"Adaptive" 项目,旨在开放能在城市道路和高速公路上行驶的部分或完全自动化汽车。

**联合国**
2016.01,《联合国自动驾驶完全标准》(未确定)。
2016.03,《国际道路交通公约》,在全面符合联合国车辆管理条例或者驾驶员可以选择关闭该技术功能的情况下,将驾驶车辆的职责交给自动驾驶技术可以应用到交通运输中。

**韩国**
2016.03,发布韩国首个自动驾驶轿车牌照。
2016.04,产业通商资源部将从2017年开始投入1455亿韩元用于无人驾驶汽车核心技术开发。

**日本**
2016.05,发布《自动驾驶普及路线图》,自动驾驶汽车将于2020年允许在高速公路上行驶。

**中国**
2016.03,《"十三五"汽车工业发展规划意见》。
2016.07,来自工信部和中国汽车工程学会的官员透露,目前中国正在积极地推动制定无人驾驶相关技术规范。

**德国**
2015.02,成立无人驾驶汽车项目委员会,召集了来自学界,业界,政界的知名人士,研究无人驾驶相关法律问题。

**图 1-7 全球智能驾驶相关政策(简版)**

2016 年初,为了配合自动驾驶技术的发展,联合国辖下"世界车辆法规协调论坛(WP29)"负责对包括《维也纳公约》在内的一系列国际道路交通安全法规进行调整修改,并制定与汽车相关的世界通用标准。

目前联合国经济委员会和欧盟规则(如图 1-8 所示)中,有内容明确禁止某些自动驾驶功能。比如,13-H 项规则要求刹车必须由人力制动或由司机控

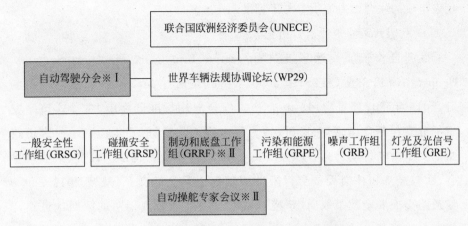

图 1-8 联合国经济委员会和欧盟规则架构

制的电动模块制动。79 项规则禁止电动转向系统的使用，这也就否定了自动转向的汽车。规则还禁止在时速超过 10 公里时使用自动控制系统。联合国正在组织对这些规定的修改。其中 1968 年通过的《维也纳道路交通公约》中规定："驾驶员必须时时刻刻拥有对车辆的控制权"。在某种程度上，这一规定限制了自动驾驶的发展。2016 年 3 月生效的一项修正案对 68 年版本进行了修订，表示只要自动驾驶技术具备"可以被驾驶员权限覆盖或接管"的特性，并且这一条款与国际法律法规相互统一，就可以明确应用到交通运输中。

联合国制定该项标准的目的是阻止自动驾驶汽车被黑客攻击并控制，法规标准将包括原则部分和安全条例，如限制自动驾驶进入高速公路和人类司机必须为所有事故负责，再如自动驾驶汽车必须安装防止驾驶员睡着或移开目光的设备（这一设备可利用传感器判断驾驶员状态）。在汽车自动驾驶安全标准上，WP29 设定了 5 个技术类别，包括车辆必须在 10 公里/小时以下的速度行驶，必须实现车道保持，由驾驶员发起的车道变化和车道保持相关协调，以及驾驶员认可的车道变化和车道保持相关研究。同时也加入了警告系统的相关法规，在系统如何被接管、系统运行以及具体操控方面进行了研究，同时也对定期技术检验给予了相关规定。日本与主要欧洲国家主导了这次标准制定，一个由日本、韩国、德国、法国、英国、欧盟委员会及欧盟执行部门代表组成的联合国专家组参与了标准制定。

①欧盟政策法规或监管措施

欧洲合作智能交通系统(Cooperative Intelligent Transport Systems, Cooperative ITS 或 C-ITS)于 2009 年由欧盟通过 M/253 授权法案推动制订,2015 年正式部署应用。在合作式安全应用标准分类中,主动式道路安全的分支包括合作感知、避碰、预警等内容。欧盟每 10 年会制定一次道路交通安全战略行动计划。欧盟委员会于 2010 年 7 月向欧洲议会、欧盟理事会、欧盟经济和社会委员会以及欧盟地区委员会递交了《欧盟 2011—2020 年道路交通安全政策取向(草案)》(以下简称"欧盟规划")的第四次道路交通安全战略行动计划,成为欧盟 10 年内道路交通安全的政策蓝本和共同行动战略。在新技术应用工作领域下提高 ITS 应用水平任务中,提出要评估应用驾驶人辅助救助系统(车道偏离警告系统、碰撞预警系统、行人识别系统)的具体措施。欧洲各国政府出台的政策法规或监管措施如表 1-4 所示。

表 1-4 欧洲政府出台的相关政策法规或监管措施

| 时间 | 事件 |
| --- | --- |
| 2016 年 3 月 | 英国政府计划于 2017 年开始在高速公路上测试自动驾驶汽车。 |
| 2016 年 7 月 | 芬兰交通安全局批准了无人驾驶公交车在芬兰上路。 |
| 2016 年 7 月 | 德国计划立法要求汽车制造商为旗下配备了自动驾驶模式的汽车安装黑匣子,记录自动驾驶相关信息,并表示会帮助自动驾驶汽车上路测试。 |
| 2016 年 7 月 | 英国商务部和运输部将清除束缚自动驾驶车的法规,对高速交通法律法规适当修改,以确保在高速路上改变车道、远程遥控停泊车辆的先进的驾驶辅助系统被安全使用。 |
| 2016 年 7 月 | 瑞士邮政巴士宣布其与初创公司 BestMile 合作打造的自动驾驶巴士在锡永(Sion)市区开始试运行。 |
| 2016 年 8 月 | 法国政府正式批准汽车制造商在公路上测试自动驾驶汽车。 |
| 2016 年 9 月 | 法国首都巴黎铁路局完成对 EZ10 电动自动驾驶公交车的测试;福特将从 2017 年开始在欧洲开展自动驾驶汽车的路试。 |
| 2017 年 5 月 | 德国联邦参议院发布相关法案,允许自动驾驶汽车在公共道路上测试。 |

瑞典国会已经启动了自动驾驶相关法律分析工作,2017 年修改国会审议,确保 2020 年之前自动驾驶能够合法销售和使用。有关自动驾驶公共道路测试规范初稿已于 2016 年 3 月完稿,进入政府审议和议会审议过程,2017 年5 月 1 日生效。完稿适用于各个自动驾驶水平的车辆,包括半自动驾驶、高度自动驾驶以及完全自动驾驶车辆。瑞典在自动驾驶公共道路测试上有比较完善的法规。首先要获得测试许可,需要到瑞典交通局取得正式许可后进行公共道路测试,测试单位必须递交公共道路申请,提出有可能的安全隐患都要包括在里面,并且确保测试数据采集和保存要符合国际相关法规、个人隐私信息都要受到保护。瑞典交通局负责监管所有自动驾驶车辆的公共道路测试。自动驾驶车辆由系统承担责任,高度自动驾驶车辆在驾驶员测试时,由驾驶员承担责任。测试许可单位车辆如果发生事故,瑞典警察局和相关单位有权要求测试单位提供传感器采集的数据以及协助事故调查。测试单位要把测试期间发生所有事故上交给瑞典交通局,把测试单位需提交年度测试情况报告给监管单位。现行法规对测试工程师和驾驶员规定,仍然适用于自动驾驶。

2016 年 8 月,在"法国新工业"倡议的大背景下,法国政府宣布,允许国外汽车公司在公共道路测试自动驾驶汽车。在此之前,法国政府只允许本土汽车公司在道路上测试自动驾驶系统技术。

2016 年 7 月 15 日,芬兰交通安全局批准了无人驾驶公交车在芬兰上路,法律没有特别要求机动车必须有驾驶员。

② 美国政策法规或监管措施

2014 年,美国交通运输部与美国智能交通系统(ITS)联合项目办公室共同提出 ITS 战略计划 2015—2019,为美国未来 5 年在智能交通领域的发展明确了方向(如图 1-9 所示)。战略计划分为网联汽车和自动驾驶两个部分。其中自动驾驶的自动化项目中指出,将主要研究确定自动化的核心要素和性能指标(研究);在测试场地或其他测试工况中测试自动化零部件(开发);政府在推动和鼓励自动化系统应用中应担当重要角色(应用)。

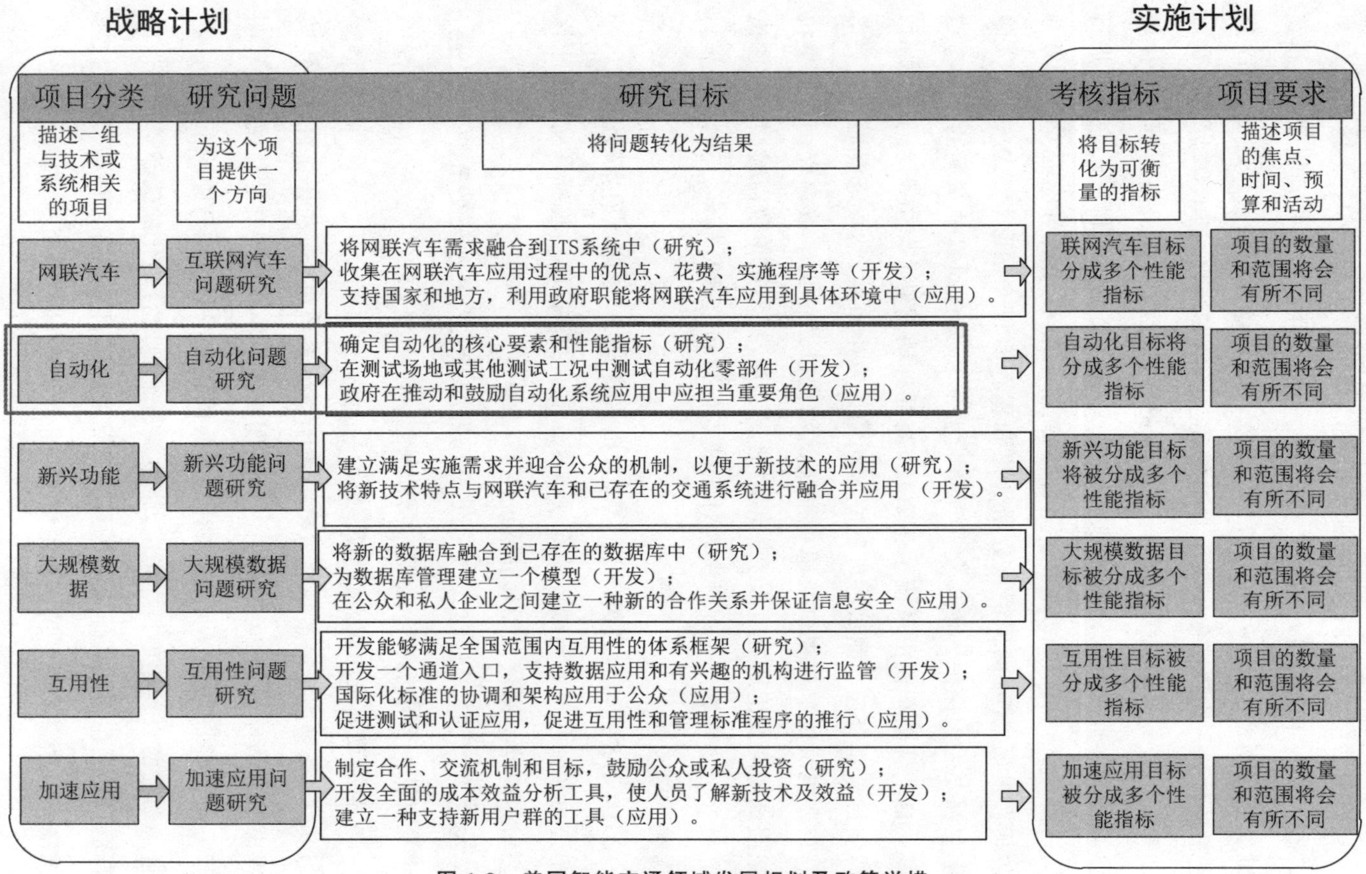

图 1-9　美国智能交通领域发展规划及政策举措

**战略计划**

| 项目分类（描述一组与技术或系统相关的项目） | 研究问题（为这个项目提供一个方向） |
| --- | --- |
| 网联汽车 | 互联网汽车问题研究 |
| 自动化 | 自动化问题研究 |
| 新兴功能 | 新兴功能问题研究 |
| 大规模数据 | 大规模数据问题研究 |
| 互用性 | 互用性问题研究 |
| 加速应用 | 加速应用问题研究 |

**研究目标（将问题转化为结果）**

- 将网联汽车需求融合到ITS系统中（研究）；收集在网联汽车应用过程中的优点、花费、实施程序等（开发）；利用政府职能支持国家和地方，支持网联汽车应用到具体应用环境中（应用）。
- 确定自动化的核心要素和性能指标（研究）；在测试场和其他地或其现场测试工况中测试自动驾驶汽车零部件（开发）；政府在推动和鼓励自动化系统应用中应担当重要角色（应用）。
- 建立满足实施需求来迎合公众的机制，以便于新技术进行融合并应用（研究）；将新技术特点与网联汽车和已存在的交通系统进行融合并应用（开发）。
- 将新的数据库融合到已存在的数据库中（开发）；为数据库管理建立一个模型（研究）；在公众和私人企业之间建立一种新的合作关系并保证信息安全（应用）。
- 开发能够满足全国范围内互用性的体系框架（研究）；开发一个通道入口，支持数据应用和有兴趣的机构进行监管（开发）；国际化标准化认证应用于公众，促进互用性标准的推行（应用）。
- 制定合作、交流机制和成本效益分析工具，鼓励公众或私人投资（研究）；开发全面的成本效益，使人员了解新技术效益（开发）；建立一种支持新用户群的工具（应用）。

**实施计划**

**考核指标（将目标转化为可衡量的指标）**

- 联网汽车目标分成多个性能指标
- 自动化目标分成多个性能指标
- 新兴功能目标将被分成多个性能指标
- 大规模数据目标被分成多个性能指标
- 互用性目标被分成多个性能指标
- 加速应用目标被分成多个性能指标

**项目要求（描述项目的焦点、时间、预算和活动）**

- 项目的数量和范围会有所不同
- 项目的数量和范围会有所不同
- 项目的数量和范围会有所不同
- 项目的数量和范围会有所不同
- 项目的数量和范围会有所不同
- 项目的数量和范围会有所不同

2016 年 1 月 14 日,美国政府宣布在未来十年将投入 40 亿美元扶持自动驾驶,这 40 亿美元将从美国 2017 年的政府预算中支出。同时隶属于美国交通部的国家公路交通安全管理局(NHTSA)宣布在两年内豁免整个行业 2500 辆汽车遵循现行相关交通安全规定,允许他们在没有配备司机的情况下上路测试,目前已经有 17 家汽车公司被批准在加州公路上进行无人车测试。

美国目前没有统一的自动驾驶汽车测试标准,汽车厂商将自动驾驶技术的车辆送上公路实验时,在符合美国联邦机动车安全标准(FMVSS)的相关规定的前提下,根据各个州的法律办理各种手续(美国政府出台的主要政策法规或监管措施如表 1-5 所示)。2011 年,内华达州通过了在该州合法测试自动驾驶的相关法律,并在 2012 年颁发了第一张"自动驾驶"汽车牌照,允许谷歌自动驾驶汽车上路测试。紧接着,加利福尼亚州、佛罗里达州、密歇根州等也都通过了相关法律,允许自动驾驶汽车上路测试。2016 年 9 月,美国交通部正式颁布《自动驾驶汽车联邦政策》,以及针对从事自动驾驶技术厂商的首份指导意见书,12 月,美交通部在其官网公开招标自动驾驶汽车测试场设计项目。

表 1-5　美国政府出台的主要政策法规或监管措施

| 时间 | 事　件 |
|------|--------|
| 2012 年 5 月 | 全美第一张自动驾驶汽车谷歌研发在内华达州上路测试许可证 |
| 2015 年 5 月 | 第一辆自动驾驶卡车获准上路测试 |
| 2016 年 1 月 | 美国在资金层面上在未来十年将给予 40 亿美元的资金支持,同时在两年内豁免整个汽车行业 2500 辆汽车遵循现行相关交通安全规定 |
| 2016 年 3 月 | 美国国家公路交通安全管理局决议,肯定了自动驾驶汽车的合法性 |
| 2016 年 9 月 | 美国交通部正式颁布《自动驾驶汽车联邦政策》 |
| 2016 年 10 月 | 已经有 17 家汽车公司被批准在加州公路上进行无人车测试 |
| 2016 年 11 月 | 俄亥俄州将从 2017 年开始在州内的公路上安装光线电缆网络以及传感器系统,为将来自动驾驶汽车测试提供便利条件 |
| 2016 年 12 月 | 汽车零部件供应商德尔福公司计划在美国与欧洲各敲定一座城市进行自动驾驶汽车共享服务试点,类似"优步式"打车服务 |
| 2017 年 7 月 | 众议院当天一致通过两党法案《自动驾驶法案》(Self Drive Act) |
| 2018 年 5 月 | 5 月 1 日起美国强制安装倒车影像 |

③ 日本政策法规或监管措施

2015 年,日本内阁府发表了关于智能汽车的战略革新创造的研究计划(如表 1-6 所示),研究计划里对具体的研究项目和研究内容进行了规划,主要包括 4 个方面:自动驾驶系统的开发;为减轻交通事故与交通堵塞的基础设施的整备;国际合作的推进;下一代都市交通系统的展开。

表 1-6　日本智能汽车发展规划

| 研究项目 | 研究内容 |
|---|---|
| 自动驾驶系统的开发 | 地图信息的高度化开发 |
| | 依据 ITS 预测信息的生成技术与实证实验 |
| | 传感器能力的技术改善与实证实验 |
| | 驾驶员与自动驾驶系统的 HMI 技术的开发 |
| | 系统安全强化技术的开发 |
| 为减轻交通事故与交通堵塞的基础设施的整备 | 交通事故估计手法的开发和国家数据共享的构筑 |
| | 微观、宏观数据的解析和模拟技术的开发 |
| | 地域交通二氧化碳排放量的可视化 |
| 国际合作的推进 | 国际研究开发环境的整备和国际标准化的推进 |
| | 自动驾驶系统社会接受性的酿成 |
| | 自动驾驶技术输出体制的构筑 |
| 下一代都市交通系统的展开 | 地域交通系统管理的高度化 |
| | 下一代交通系统的开发 |
| | 交通制约者(残疾人、老年人等)的改善和普及 |

日本经济产业省、国土交通省和日本汽车工业会等在 2016 年 4 月成立了"自动驾驶研究所",因日本参与联合国标准制定,自动驾驶研究所形成统一掌握联合国和国际标准化组织(ISO)的安全技术和通信标准规则的讨论体制。日本警察厅 2016 年 4 月 7 日公布了公路自动驾驶实证实验的准则草案。其内容包括驾驶员的职责、车辆装备、事故对策等,明确了自动驾驶汽车公路实验规定。在经过一个月征集民众意见后,正式准则已经在制定之中。但是草案要求以"符合道路运输车辆安全标准""驾驶座上有驾驶员""遵守日本道路交通法等相关法规"为前提,规定不允许车上无驾驶员、进行远程监控的完

全自动驾驶。

另外,准则中对跟车人员、上路测试条件、"放手驾驶"条件和事故预防与应对提出了要求。跟车人员:准则中要求驾驶座上一定要有一名驾驶员,以便在发生紧急情况时控制车辆。同时车上最好再配备一名监控自动驾驶系统的操作员。自动驾驶汽车实验时,要配备一辆一同行驶的车辆来确保安全。上路测试条件:要符合现有法律规定的车辆条件(去掉方向盘或油门的车辆不能进行实验),还必须保证自动驾驶系统能够正常工作,并采取可应对网络攻击的安全措施。日本,实施自动驾驶技术公路实证实验时就不需要办理特别的手续。即便车辆不符合安全标准,只要获得国土交通大臣的批准,就能进行公路实证。但日本并未对自动驾驶实证实验作出明确规定,因此实验者可能会受到处罚。"放手驾驶"条件:大原则是能够在发生紧急情况时立即应对的情况。在"视线良好且交通量小的场所",可以完全放手。在"视线不佳或者交通量大的道路"上,驾驶员的手部要始终放在方向盘附近。事故预防与应对:事故发生后,在采取防范事故再次发生的对策之前,暂时停止继续实验。为了便于在事故后验证,测试车辆必须配备行车记录仪,保存车辆信息及周边情况的相关记录。并且车辆要求购买保险。除了积极界定自动驾驶分级、制定新的准则,日本也在同步修订《道路交通法》和《道路运输车辆法》等相关法规,以便自动驾驶汽车在 2021 年上路。

④ 新加坡政策法规或监管措施

2013 年,陆路交通管理局和新加坡科技研究局签署了为期五年的合作备忘录,落实"新加坡自动车计划"(Singapore Autonomous Vehicle Initiative, SAVI),推动无人驾驶技术的研究和运用。该计划负责开发、研究以及测试自动车技术,包括以下三方面:研究用无人车,如无人驾驶巴士,来提供在固定时间和路段运行的公共交通服务的可行性;共享自动车辆的区内运输系统;研究将来广泛应用无人车时所牵涉的技术和法例要求。2014 年新加坡成立了自动驾驶汽车动议委员会,用于监管自动驾驶汽车的研究和测试。当地陆路交通管理局将纬一科技城(one-north)定为首个无人车的公共道路试点,试验由新加坡的土地与交通部门主导,允许人们在其范围内的道路测试无人驾驶车。

⑤ 中国政策法规或监管措施

中国对智能网联汽车的总体规划始于 2014 年 10 月,当时,工信部委托中国汽车工业协会、中国汽车工程协会、全国汽车标准化技术委员会("汽标委")分工展开研究。其中,中国汽车工程协会负责技术路线图的制定,而汽标委则负责标准体系的规划。2015 年 5 月国务院提出的《中国制造 2025》将成为引导国内车企发展的重要纲领。在《中国制造 2025》中对智能汽车、汽车智能化发展都给出了明确的要求,并且树立了标尺。其中提到了两个方面的目标,到 2020 年主流车企要掌握智能辅助驾驶的总体技术及各项关键技术,另外要初步建立智能网联汽车自主研发体系及生产配套体系;到 2025 年,也就是《中国制造 2025》第一个十年实现的时间,要掌握自动驾驶总体技术及各项关键技术,建立较为完善的智能网联汽车自主研发体系、生产配套体系及产业群。这两个步骤是我们现在已经看清的汽车自动化、智能化发展方向的两个重要步骤。对于智能驾驶相关政策法规或监管措施的制定,中国政府做了大量的工作,仅 2018 年一年就出台几十条政策法规和监管措施(如图 1-10 所示)。

(2)经济环境

在经济全球化时代,经济发展环境作为智能汽车产业创新生态系统发展的重要基础,直接影响着系统的创新投入、主体合作模式和可持续发展,同样对创新生态系统创新需求和创新资源的规模与质量具有重要影响,尤其影响着吸引创新人才集聚的模式、速度和质量。人才作为创新系统建设与发展的根本与能动力量,良好的经济环境能保障持续性向创新生态系统运行输送创新型人才。良好的经济环境对智能汽车产业创新生态系统基础设施的完善具有积极推动作用,完善的基础设施建设有利于吸引更多创新主体加盟,有助于技术创新与知识扩散,是创新生态发展的基础条件,通常经济水平越高,创新生态系统基础设施越完备,越能为创新活动提供支撑。因此在市场机制下,良好的经济环境能为智能汽车产业创新生态系统发展提供强有力的基础条件支撑。

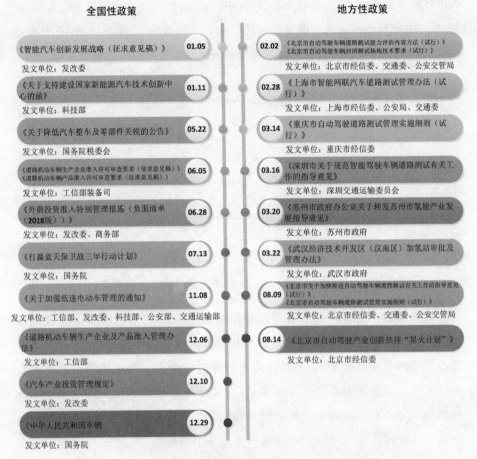

**全国性政策**

《智能汽车创新发展战略（征求意见稿）》 **01.05**
发文单位：发改委

《关于支持建设国家新能源汽车技术创新中心的函》 **01.11**
发文单位：科技部

《关于降低汽车整车及零部件关税的公告》 **05.22**
发文单位：国务院税委会

《道路机动车辆生产企业准入许可审查要求（征求意见稿）》
《道路机动车辆产品准入许可审查要求（征求意见稿）》 **06.05**
发文单位：工信部装备司

《外商投资准入特别管理措施（负面清单（2018版）》 **06.28**
发文单位：发改委、商务部

《打赢蓝天保卫战三年行动计划》 **07.13**
发文单位：国务院

《关于加强低速电动车管理的通知》 **11.08**
发文单位：工信部、发改委、科技部、公安部、交通运输部

《道路机动车辆生产企业及产品准入管理办法》 **12.06**
发文单位：工信部

《汽车产业投资管理规定》 **12.10**
发文单位：发改委

《中华人民共和国车辆》 **12.29**
发文单位：国务院

**地方性政策**

**02.02** 《北京市自动驾驶车辆道路测试能力评估内容方法（试行）》
《北京市自动驾驶车辆封闭测试场地技术要求（试行）》
发文单位：北京市经信委、交通委、公安交管局

**02.28** 《上海市智能网联汽车道路测试管理办法（试行）》
发文单位：上海市经信委、公安局、交通委

**03.14** 《重庆市自动驾驶道路测试管理实施细则（试行）》
发文单位：重庆市经信委

**03.16** 《深圳市关于规范智能驾驶车辆道路测试有关工作的指导意见》
发文单位：深圳交通运输委员会

**03.20** 《苏州市政府办公室关于转发苏州市氢能产业发展指导意见》
发文单位：苏州市政府

**03.22** 《武汉经济技术开发区（汉南区）加氢站审批及管理办法》
发文单位：武汉市政府

**08.09** 《北京市关于加快推进自动驾驶车辆道路测试有关工作的指导意见（试行）》
《北京市自动驾驶车辆道路测试管理实施细则（试行）》
发文单位：北京市经信委、交通委、公安交管局

**08.14** 《北京市自动驾驶产业创新扶持"星火计划"》
发文单位：北京市经信委

**图 1-10　2018 年中国智能交通领域发展规划及政策举措**

研究表明,GDP 和车辆所拥有的数量是相关联的(如图 1-11 所示),良好的经济环境还会影响智能汽车产业的产品销售和市场占有,经济水平越高,消费者的购买能力越强,产业创新生态系统发展就会越完善。2010 年,中等收入发展中国家人均国内生产总值已经上升到 4000 美元的水平,相比于 2000 年,印度的汽车销售年均增长率超过 10%,菲律宾的年均增长率为 7.5%。人均收入的增加极大地促进了汽车地销量。根据这样一个规律,中国已经进入了第二个汽车工业发展期,这个发展期将可能至少持续十年,在这个阶段我国汽车工业发展,尤其是新兴智能汽车的绝对增长量会保持一个较为长久的优势。美国的 GDP 一直遥遥领先,中国在 2009 年首次超越日本成为第二,直到 2016 年每年都有较大幅度的增长。日本从 2007 年直到 2012 年 GDP 有小幅提升,但 2012 年以后有所下降。德国和韩国则在近几年间无较大变化。

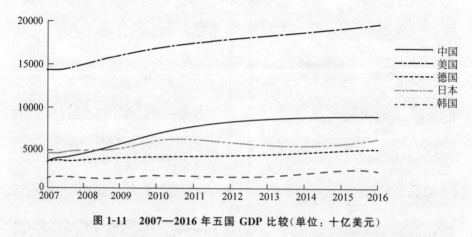

**图 1-11　2007—2016 年五国 GDP 比较**(单位:十亿美元)

经济环境中另外一个对智能汽车产业发展有较大影响的是商业成熟度(如图 1-12 所示)。商业成熟度有助于提高智能汽车的使用效率,反过来又会提高智能汽车的制造率,从而提高整个产业的竞争力。商业成熟度关系到智能汽车产业创新生态系统整体的质量,以及系统的运营和战略的质量。2008 年到 2017 年,日本的商业成熟度较平稳,直到 2017 年被美国超过,受金融危机的影响美国在 2008 年到 2012 年一直处于下滑的趋势,2012 年开始稳步上升。德国在这十年间无较大变化,韩国和中国则在这十年间表现平稳。

**图 1-12　2008—2017 年五国商业成熟度比较**

（3）社会环境

竞争合作意识在宽容、自由的社会文化体系中最强，在这样的文化环境中创新也更容易产生。智能汽车产业创新生态系统建设与发展同样需要浓厚的创新文化支撑。现阶段，在我国政府的引导下，各智能汽车产业创新生态系统积极结合所属地区的文化特色，将生态化思想融入产学研合作、技术研发等活动以及创新文化和激励体系中，充分激发了创新主体持续开展科技创新活动的热情，吸引了更多科研院所、企业、高校等创新主体的加盟，强化了创新生态系统的创新氛围。

社会环境中还有两个对智能汽车产业创新生态系统发展产生最为直接影响的因素，一是劳动力健康，二是家庭消费支出。健康的劳动力对于智能汽车产业乃至国家的竞争力和生产力都是至关重要的，直接影响生产力及生产效率。在劳动力健康这一指标表现最好的是日本，其次是德国，这两个国家的指数持续上升。韩国在 2008—2009 年和 2012—2014 年之间有小幅下滑，美国在十年间平稳上升，中国在 2009—2010 年上升较大，随后截至 2018 年一直保持较为稳定的状态。家庭消费支出是指城乡居民用于生活消费的全部支出，包括购买商品支出以及享受文化服务和生活服务的非商品支出。美国家庭消费支出最多，日本在 2010—2016 年有明显的降幅，中国在 2012 年超过日本成为第二多的国家，德国近 5 年在 2000 亿美元停留，无较大变动，韩国的家庭消费支出一直保持在一个较低的水平，与其他四国差距明显。

## 1.3.3　发展现状

（1）产业链结构

智能汽车产业链经历三个演进阶段。从产业化角度来看，目前智能汽车处在由第一阶段积极向第二阶段转换的时期，发展的关键在于冲破各种技术障碍。由于汽车制造商主导推进基础操作系统的研发并决定在自家汽车上使用哪些设备和功能，甚至主宰行业标准的制定，当前阶段将继续以车企为中心。智能汽车的发展也将循序渐进推动整个产业链发生剧变。汽车达成终极目标成为"智能移动机器人"，能帮助车主处理工作享受生活；智能汽车产业链完善，关键技术已成熟，墨守成规的传统车企日渐式微，汽车电子设备厂商与软件厂商整合形成智能汽车综合解决方案提供商，通过扩大自身规模与先进的汽车制造商争夺产业链支配权。

现有的智能汽车产业链包含环境感知、智能决策、人机交互、执行器一直到最终智能车辆的整车集成，其完整链条是一个复杂、庞大的系统（如图 1-13 所示）。环境感知层包括传感器、网络通信与信息安全、高精度地图与定位系统等模块，环境感知主要是指车辆通过摄像头、激光雷达、毫米波雷达、车身传感器等元件感应和识别车辆周围情况，依靠高精度数字地图制定行车路线；网络通信和信息安全模块，当环境感知系统无法做到全天候、全路况的准确感知时，可以利用通信技术、卫星导航对感知系统进行协调互补。驾驶决策主要包括决策软件和硬件；人机交互包括操作系统，内容 APP，语音交互等模块。驾驶决策指集合感应识别所传导过来的信息，通过智能决策芯片作出决策，并对车辆下达执行指令。执行器主要包括驾驶执行器、制动执行器和转向执行器三个模块；执行层收到决策层的指令后，按照决策指令和配套的电子行车系统进行行车并到达目的地。整车集成包括汽车电子、整车厂系统集成等主要模块。

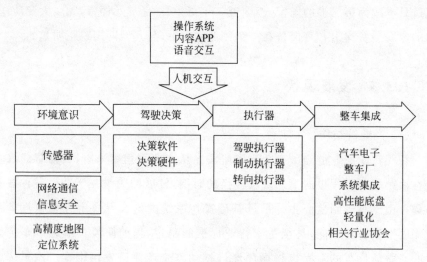

**图 1-13　智能汽车产业链结构**

（2）市场状况

辅助驾驶渗透率因功能模块多少和地区存在产生较大差异（如图 1-14 所示）。从辅助驾驶功能模块角度而言，电子车身稳定系统 ESC、泊车辅助系统 PA 渗透率较高，ESC 在西欧地区渗透率高达 83.1％，PA 在日本地区渗透率达到 31.2％。分地区而言，智能驾驶系统在西欧地区和日本渗透率显著高于全球水平。整体而言，全球智能驾驶市场正处于探索期阶段，目前全球智能驾驶研究竞赛处于白热化阶段，率先推出相应产品的企业将在领域中存有一席之地，到 2019 年，全球智能汽车市场将迎来洗牌阶段，缺乏竞争力的企业被淘汰。经过短暂的市场启动期，到 2021 年，少数产品成熟的企业主导市场，智能驾驶技术也逐渐得到普及。

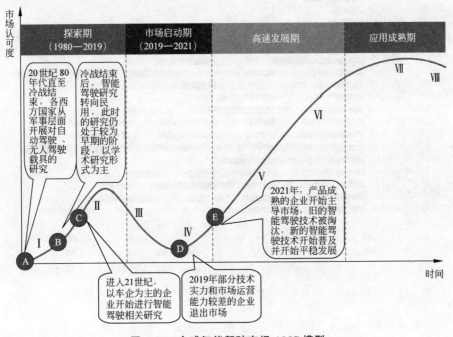

图 1-14　全球智能驾驶市场 AMC 模型

随着汽车智能化的深入发展，传统车企与互联网企业纷纷加大智能驾驶布局，产业化进展不断超预期（如图 1-15、1-16、1-17 所示）。其中，沃尔沃、戴姆勒、宝马、现代、丰田、日产、本田等国际汽车巨头纷纷表态到 2020 年初步实现自动驾驶市场化,互联网企业 Google、百度和乐视纷纷表示要大举进入造车领域。2016 年 3 月,美国国家公路交通安全管理局(NHTSA)和美国保险行业非营利团体 IIHS(Insurance Institute for Highway Safety)宣布,已与 20家汽车厂商达成协议,预定最晚从 2022 年 9 月 1 日起在美国销售的全部新车上标配紧急自动刹车(AEB)系统。这 20 家厂商是:通用汽车、福特汽车、菲亚特克莱斯勒、丰田汽车、本田、日产汽车、马自达、三菱汽车、富士重工业、现代汽车、起亚汽车、奥迪、宝马、戴姆勒(梅赛德斯-奔驰)、大众、保时捷、沃尔沃、玛莎拉蒂、捷豹路虎、特斯拉汽车,20 家公司的销量在美国汽车市场上占到 99%。

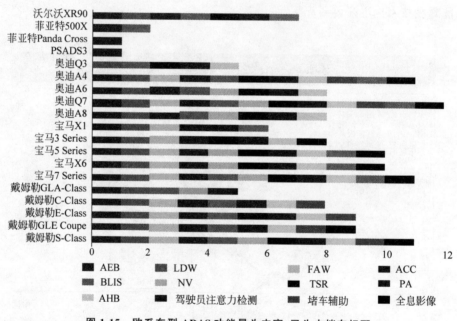

图 1-15　欧系车型 ADAS 功能最为丰富,已为中档车标配

　　传统汽车厂商从 ADAS 切入,不断提升单车智能化水平。欧系、日系、美系汽车 ADAS 装配率最高,主要集中于中高端车型。ACC、LDW、BLIS、PA是最基本功能。AEB 在欧系为渗透率最高功能,在美由于并无相应法规强制规定,因此依旧停留在碰撞预警(FCW)阶段。日系紧随其后,本田系功能最为丰富,丰田系覆盖车型最为全面。日系以丰田、本田、马自达、日产四大品牌

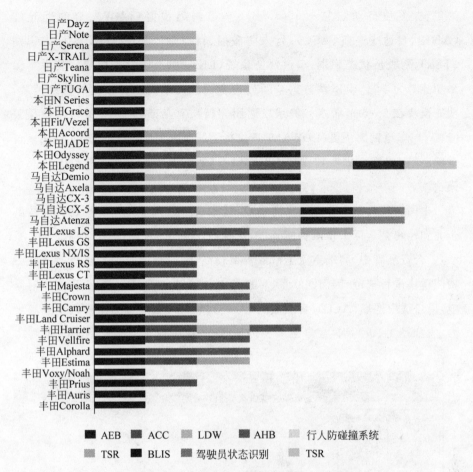

图 1-16　日本车型 ADAS 覆盖率最高，已为标配

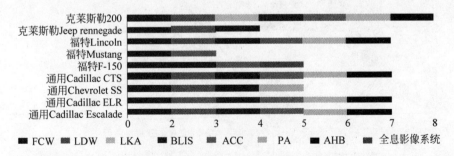

图 1-17　美系车型覆盖率适中，功能以 FCW/LDW/ACC 为主

为代表,覆盖自动紧急刹车(AEB)、车道偏离预警(LDW)、自动远光灯(AHB)、自适应巡航(ACC)、行人防碰撞、盲点辅助(BLIS)、交通标志识别(TSR)、驾驶员状态识别、车道保持系统(LKA)共九个功能模块。其中本田系功能最为丰富,丰田系覆盖车型最为全面。美系同欧日相比覆盖率稍低,功能模块在5~6个居多。美系以通用、福特、克莱斯勒为主,覆盖碰撞预警(FCW)、车道偏离预警(LDW)、车道保持系统(LKA)、自动远光灯(AHB)、自适应巡航(ACC)、盲点辅助(BLIS)、停车辅助(PA)、全景影像系统共八个模块。

中国智能汽车产业也进入启动期,技术、立法、产业化同时推动。科技型企业和传统整车巨头抢滩智能驾驶,加速技术进步和产品迭代(如图1-18所示)。合资品牌中,高端主流车型覆盖率较高,国内尚未有明确法规对ADAS功能模块进行规范,因而同欧系、日系相比,合资品牌车系ADAS功能相对简单,以自适应巡航(ACC)、盲点监测(BLIS)、LDW(车道偏离预警)、全景影像为主(如图1-19所示)。自主品牌仍是蓝海,极少数车型实现ADAS主要功

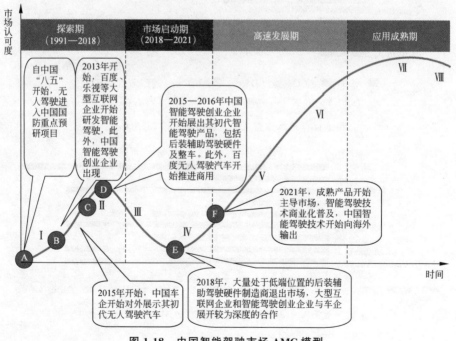

图1-18 中国智能驾驶市场AMC模型

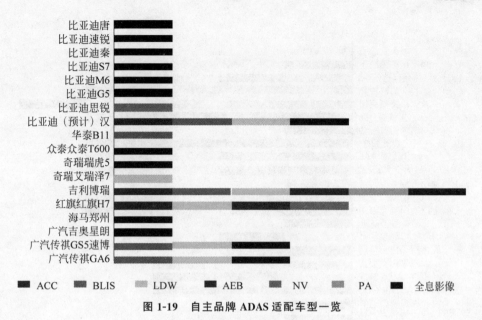

图1-19 自主品牌ADAS适配车型一览

能装配。自主品牌ADAS覆盖率极低,且以基础的全景影像为主(如图1-20所示)。广汽传祺、红旗H7、吉利博瑞和即将面世的比亚迪"汉"是少数搭载ADAS核心功能的自主车型。综合来看,自主品牌市场仍有较大空间。

(3)现状分析

基于专家访谈和实地调研,国内智能汽车产业创新生态系统SWOT分析如图1-21所示。

优势。传统产业基础优势为智能汽车产业提供了良好的产业发展环境,在智能网联汽车顶层政策设计、智能网联汽车试点示范区建设、智能网联汽车研发及产业化、智能网联汽车产业链布局、智能网联汽车公共服务平台等方面取得了良好的工作成效,微电子、基础软件、物联网、车联网、定位导航领域实力较为突出,特别是高精地图和导航,目前专利申请数量靠前。智力资源和人才优势的支持能力较强,中国处于建设具有全球影响力的科技创新中心的攻坚阶段,具有良好的创新环境,智能汽车相关产业的技术创新能力强。政府高度重视,政策生态环境良好,政府提出到2020年,保持并巩固区域智能网联汽车在全国的领先地位,力争在局部领域达到全球领先水平,努力建成全国领先、世界一流的智能网联汽车产业集群,智能网联汽车产业链要初步形成。

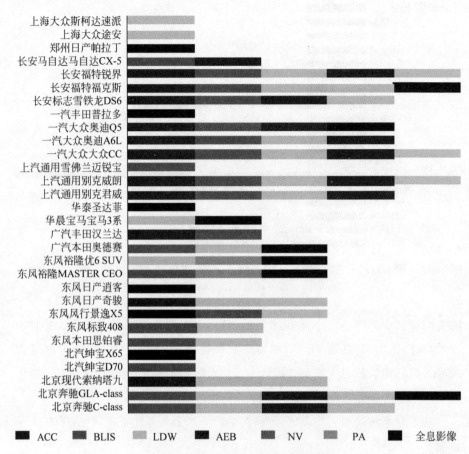

ACC ■ BLIS ■ LDW □ AEB ■ NV ■ PA ■ 全息影像 ■

**图 1-20 合资品牌 ADAS 渗透率较高**

| 优势 | | 劣势 | |
|---|---|---|---|
| ● 产业积累丰富，基础优势明显 | | ● 核心技术有待发展 | |
| ● 智力资源支持能力较强 | | ● 创新能力较为薄弱 | |
| ● 政策生态环境良好 | | ● 基础设施落后 | |
| 机遇 | | 挑战 | |
| ● 市场空间巨大 | | ● 法律法规不完善 | |
| ● 政府高度重视 | | ● 网络安全隐患 | |
| ● 信息技术支撑 | | ● 同行业的竞争 | |

**图 1-21 智能汽车产业创新生态系统 SWOT 分析**

劣势。核心技术有待发展,我国智能汽车产业相关的核心技术与世界先进水平仍然存在较大差距,在传感器、算法等方面的技术积累不足,多瓶颈有待进一步突破,在智能交通、汽车操作系统等专利领域数量较少,专利数量在总数量中占比不到10%,在驾驶算法、芯片领域还没有企业拥有相关专利。创新能力较为薄弱,与国外相比,仍存在较大差距,2002—2015年,在智能汽车领域申请专利数量排名前10的企业中,日、美、德、法、韩均有公司进入专利数量前十,而我国还没有在智能汽车领域的尖端公司。基础设施配套不够完善,智能汽车的发展需要以智慧交通为大背景,需要整个城市规划和基础设施道路建设等方面的配合,然而,中国尚没有与智能化、网联化以及电动化的智能交通网络对接,没有前瞻性,未能实现协同发展,这不利于智能汽车产品推广和应用。

机遇。智能汽车在我国尚处于起步上升期,发展空间巨大,这为智能汽车产业领域的创新发展提供了机会,虽然目前我国自主品牌汽车ADAS系统的市场渗透率有限,但较低的市场化水平同时意味着我国智能汽车领域巨大的成长空间。消费者接受程度高,目前中国已经成为全球最大的汽车产销市场和互联网市场,智能汽车产品结合智能化、电动化、网络化等方面,为消费者的生活和出行提供了便捷,获得消费者极大的认同和支持,消费者对于智能网联汽车的需求大于大部分其他国家。信息技术发展提供了支撑,国内以百度、腾讯、阿里巴巴、华为等为代表的中国信息技术企业掌握了海量信息资源和关键处理技术,在国内市场形成了全面的产品布局和品牌影响力,并不断拓展海外业务,能够在本土汽车企业为增强智能网联汽车产业战略环节的核心能力做出重要支撑和贡献。

威胁。网络安全成为重要挑战,电子化、智能化、互联化带来的新的网络安全等相关问题会成为未来智能汽车产品推广过程中的障碍因素,直接涉及民众的自身安全,这在很大程度上将会增加智能汽车市场推广中的难度。伦理道德问题成为瓶颈,由于无人驾驶技术在设计程序中是将保护车辆和车内人员作为第一要务,但由于实际生活中的交通状况的复杂性及较强随机性,其带来的最大潜在风险就是交通事故,例如,车辆和行人/骑自行车的人,若同其他汽车发生交通事故,计算机该如何判断先救谁? 这些问题将在很大程度上影响消费者对智能汽车的接受度。政策标准不够完善,我国虽然已出台相关政策强调了智能汽车产业的重要性,但是相比具有一定突破和发展的技术水平以及市场环境,在推动产业发展的具体政策措施方面仍较为缺乏,智能汽车还处于相关企业各行其是、自行发展状态,技术标准体系滞后,特别是一些关键技术环节的标准缺失,关于智能网联汽车,我国还没有成文的法律体系,整个交通环境仍是以传统汽车为主,这在很大程度上阻碍了智能汽车的快速发展。

# 第二章
## 演化机制

智能汽车产业创新生态系统是动态、持续完善的系统,随着时间推移和环境改变,整个系统的结构、状态、特征和内部行为均会产生变化,从一种形态向另一种形态演变。本章通过探究智能汽车产业创新生态系统演化的影响要素和动力,进而分析系统的整体演化机制,最终对系统的生态平衡条件进行探索。

## 2.1　演化概述

演化是描述事物从无序到有序、从低级有序到高级有序的发展形态。从整体的视角,智能汽车产业创新生态系统的演化是指创新生态系统自身结构从不完善到完善、创新能力从弱到强的变化历程。智能汽车产业创新生态系统的演化存在着阶段性特征,阶段性变化既体现在系统创新资源数量由少到多、质量由低到高的转变,还体现在资源利用效率由低到高的发展。从系统的视角,智能汽车产业创新生态系统的演化是指系统中多个创新主体在创新过程中相互适应的过程,其演化结果取决于创新主体间合作策略组合选择的合理性。

## 2.1.1 演化过程

与一般生态系统的演化过程类似,智能汽车产业创新生态系统进化过程也将经历以下几个阶段。

（1）初始探索阶段

生物演化初始,迫于环境变化的压力,为了生存会移居至某新的生态环境中,经过一段时间适应、竞争,该物种的基因在新生态环境中的竞争优势日益显现,成为优势物种,并吸引了一些相关物种,生态系统雏形渐渐形成,但生物种类和数量较少,结构也不够稳定。同理,在智能汽车产业创新生态系统的形成阶段,内部核心创新主体为了适应竞争环境会主动寻求与其他创新主体合作创新,逐渐地一些其他不同类型的组织开始聚集在其周围,成为创新生态系统的关键主体。由于创新主体聚集的速度较慢,智能汽车产业创新生态系统还未形成规模。

智能汽车产业创新生态系统组建的初始阶段,政府扮演着中间人的角色,核心创新主体一般为智能汽车制造企业,与相对离散的几个关联企业、高校研究机构、金融机构等主体开始交往,表现为有限的弱联系,并未形成大规模的网络关系。即智能汽车产业创新生态系统并未实际形成,外围各节点之间的联系较少,仅限于局部资源交流,呈现无序而混乱的状态,主体间处于相互了解、磨合和选择阶段。尽管该阶段智能汽车产业创新生态系统发展较为缓慢,但为创新资源的流动提供了基础交流平台,有利于系统内规模经济的实现,并初步发挥知识溢出效应。

（2）快速成长阶段

随着优势物种对生境适应能力的不断增强,优势生物个体数量大幅度增加,相关联的其他物种及其个体数量也大幅增长,生物群迅速扩张、功能逐渐增加。同理,智能汽车产业创新生态系统的快速成长阶段,生态系统中核心主体创新能力不断增强,吸引越来越多的相关主体加入,生态系统规模不断扩大。随着新主体的加入,先前进入的主体间新联系的产生,智能汽车产业创新生态系统的规模得以快速扩大,内部各主体融合更加紧密,创新主体间的交往由简单的计划转变为实质的合作。

因此,处于成长期的智能汽车产业创新生态系统的主要特征是功能机制逐渐完善,创新资源逐渐丰富。核心创新主体的主导地位日益形成,创新主体间联结数量增多、频率提高、形式多元化且趋向有序,人才、资金、技术等创新资源的流动效率提高。系统主要是通过合作共生来发展自身,并抵御外来竞争。

(3)发展成熟阶段

处于成熟阶段的生物系统,物种结构基本趋于稳定,系统功能较为完善。每个生物占据一定的生态位并在生物系统中扮演特定的角色,生物之间关系稳定、协调。同理,处于成熟阶段的智能汽车产业创新生态系统,对系统内、外部环境拥有很强的控制能力,在内部结构中、与外部环境之间的物质、信息与能量循环频发而高效。

因此,处于成熟期的智能汽车产业创新生态系统的主要特征是拥有完善的功能机制、丰富完备的创新资源,主体通过协同创新来共同、高效的整合系统内外部资源。尽管存在创新主体进入和退出,但是生态系统的整体规模、创新功能趋于稳定,创新主体数量波动不大。主体间的交往更多、也更频繁,弱联系更多地转变为强联系,创新资源和技术的流动更快、共享程度更高。

## 2.1.2 演化特征

基于智能汽车产业创新生态系统演化阶段性分析,其演进特征如下。

(1)边界限制逐渐弱化

在智能汽车产业创新生态系统中,创新合作行为不仅跨越了主体边界,也跨越了地域边界而出现超本地化现象。智能汽车产业创新生态系统不仅包括本地的创新组织,如汽车制造企业,也包括外地的创新组织,如信息相关企业。各类创新合作主体可以通过技术授权、联合项目公关合作和风险投资等方式与区域外部创新主体开展合作,将创新合作成员选择区域延伸到外地,实现创新合作超本地化。

(2)创新主体多元化趋向日益明显

在传统创新系统中,由政府、企业、高校组成的政、产、学三螺旋结构受到国内外学术界的广泛关注。三螺旋创新模型认为,政府、企业和高校是合作创新的三个主要参与主体,传统创新系统的绩效取决于三者之间的协作竞争。然而,由于智能汽车产业自身的特征,以及随着开放式创新理念的出现,智能汽车产业创新生态系统合作创新的参与主体范围不断扩大,上下游企业、中介机构以及金融机构陆续参与进来,传统的三螺旋结构将逐渐演化为四螺旋结构或五螺旋结构。

## 2.2 演化影响要素

在智能汽车产业创新生态系统发展演化过程中,系统内的大量优质创新要素,包括创新主体、研发人员、创新技术、信息资源等,会随着内外环境、资源的改变而产生变化,并呈现出一定的规律,朝着最优方向发展。根据现有研究成果及实践调研,影响智能汽车产业生态系统发展路径的要素主要包括:创新主体、治理机制、科技进步、创新环境。

(1)创新主体。智能汽车产业创新生态系统内主体包含智能汽车产业链上下游企业、研发中心、重点实验室、工程中心等各个团队,它们是一个相互联系、相互制约的统一综合体。在这个复杂的综合体中,每一个创新主体都有其特定的位置,并与上下左右的其他主体建立密切联系,以竞争或互利共生的关系呈现出来。这种竞争共生联系网络的变化和发展,以及各个主体的规模、功能,是影响系统的关键因素,也是推动智能汽车产业创新生态系统演化的根本性动力。

(2)治理机制。智能汽车产业创新生态系统多中心治理机制主要表现为自发的多中心参与和持续互动,目的是要实现三个主要目标:防止多中心主体利用相互之间的契约不完全和信息不对称来谋利,降低机会主义所带来的风险;防止合作者因自身利益的激励问题而扭曲合作行为,终止战略伙伴关系;制约与调节多中心合作主体,使它们同步互动并有序协作,从而使组织行为与其战略目标相一致。基于这三个目标,文章将生态系统治理机制归纳为约束机制、激励机制和协调整合机制,它们都能够在一定程度上发挥对智能汽车产业创新生态系统的治理功能,降低系统创新的风险。约束机制、激励机制、协调机制是否完善可行往往决定了创新生态系统活动的强度、作用效果及其演化的成熟程度。

(3)科技进步。技术创新与变革是促进智能汽车产业创新生态系统演化的最核心因素之一。在演化经济地理学中,科技的发展和进步是促使"变异"及推动创新生态系统演化的原动力。随着科学技术的不断发展和进步,高校、企业、科研院所等创新组织的形态和功能都会做出相应的调整和变化,追求创新价值和空间配置的最优化,这使得处于不同"生态位"的系统主体之间的竞合关系和共享结构发生变化,从而改变了它们的选择方式和过程。

(4)创新环境。创新涉及的环境较多,包含:社会经济、国家政策、创新文化以及主体市场的需求等。科技创新相关环境的变化会使得智能汽车产业创新生态系统所处的环境发生改变,不仅影响创新生态系统演化的速度,而且在一定程度上甚至可以决定创新生态系统演化的方向。例如,国家科技发展战略规划及政策可以对创新生态系统的演化发展方向进行引导;人才引进政策能为创新生态系统与外界进行源源不断的物质、信息交流提供条件;投融资政策会影响到创新生态系统的资本流入。

创新主体、治理机制、科技进步、创新环境四种要素对智能汽车产业创新生态系统的影响是不同的。创新主体决定系统的职能及结构;治理机制决定系统的规模及效率;而科技进步和创新环境之间相互作用决定的系统的发展与进化。四种要素相互间关系与作用机制如图 2-1 所示。

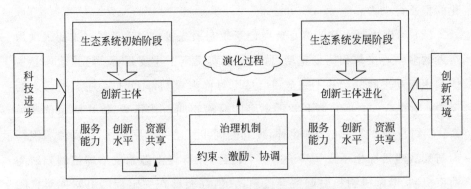

图 2-1 智能汽车产业创新生态系统影响要素

# 2.3 演 化 动 力

智能汽车产业创新生态系统的发展与演化是在多重动力共同影响与作用下实现的,包括:市场需求拉动力、科学技术推动力、国家政策促动力和创新环境支撑力,动力作用模型如图 2-2 所示。

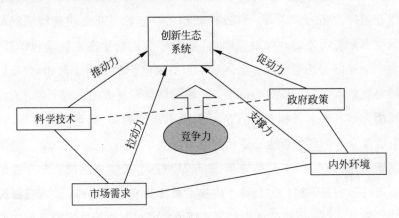

图 2-2 智能汽车产业创新生态系统演化动力模型

（1）市场需求拉动力。市场需求有利于促进产业成长及创新合作网络的形成和拓展。首先,市场需求是激发系统活动的基本动力,牵动技术创新,周而复始,实现智能汽车产业创新生态系统自身的不断发展和演化。其次,市场需求是创新主体合作的重要动力,在智能汽车产业创新生态系统中,各主体由于自身资源和能力的有限性,加之创新成本和风险等多方面因素的影响,使得它们依靠自身往往难完成复杂的创新活动,从而间接推动了创新合作网络的形成。最后,市场需求是调节创新行为的基本动力,不同地域、不同类型的市场需求会对产业的创新行为进行调节,促使各类主体在适应创新需求过程中,通过发展"分享经济"模式将闲置资源通过平台化、协同化集聚实现社会价值创新。

（2）科学技术推动力。科技进步是促使智能汽车产业创新生态系统演化的最根本因素。一是因为现代科技技术的发展促使生态系统内各类创新主体不断做出适应性调整和变化,如大数据、云计算等一批技术成果的突破,使得智能汽车产业创新生态系统智能水平大幅提升,为智能汽车产业创新生态系统由粗放式、单一化科技服务向集成式、智能化科技服务的发展与演化奠定基础。二是随着科技的飞速发展,创新的综合化、复杂化、开放性特点凸显,在这种繁杂体系之中,创新主体之间联系网络不断拓展和深化,从而促使生态系统朝着高级化、复杂化的方向发展。同时,新兴技术的不断突破,对智能汽车产业创新生态系统的资源提出新的要求,更多先进技术进入系统内部,使其服务能力大幅提升。在新型存储技术推动下,整个产业网络生态系统的基础数据实现互联互通,提高了生态系统的运行效率,系统整体向更高水平发展。

（3）政策促动力。对创新生态系统的形成和发展而言,在力度空前的不同类型政策的引导下,智能汽车产业创新生态系统的人才、信息、技术、资金等要素得到合理的优化配置。同时伴随政策导向与力度的变化,生态系统的演化逐步实现从他组织向自组织过渡。政府牵线搭桥,促进生态系统主体之间的合作,在创新生态系统的发展中扮演着宏观管理者和利益平衡者的角色,是生态系统演化的重要促进动力,引导整个智能汽车产业创新生态系统持续发展。

(4) 环境支撑力。智能汽车产业创新生态系统中同时存在多种生境的创新环境,它们构成了整个创新生态系统运行发展的宏观背景,是生态系统发展的重要支撑。稳定的系统内外部环境是保证系统持续发展与演化的关键。其中,内部环境支撑包括智能汽车产业创新生态系统基础设施等硬件条件、创新主体合作意识、创新氛围、容错环境等,外部环境支撑包括知识产权保护力度、市场化程度、法律法规完善程度、社会经济发展、基础设施的完善程度、消费者的认知和行为等。环境支撑力即是智能汽车产业创新生态系统演化的动力,同时也可能成为阻力,例如,知识产权的分享提高了智能汽车产业创新生态系统整体竞争力,但没有有效的知识产权保护或者创新成果被无偿使用,又将导致生态系统内出现恶性竞争,影响创新活动的进行,影响生态系统的发展。

# 2.4　演化机制

智能汽车产业创新生态系统的形成和发展与其他生态系统一样,有其内在的规律性模式。本研究从自组织和竞合协同两个模式对智能汽车产业创新生态系统演化机制进行分析。

## 2.4.1　自组织进化机制

组织是由诸多要素按一定方式链接而成的有序结构,包括"他组织"和"自组织",前者指依靠外部力量而形成的有序结构,后者指在不存在外部指令的情况下系统自主形成的有序结构。德国理论物理学家 Haken(1973)将自组织定义为:"如果系统在获得空间的、时间的或功能的结构过程中,没有外界的特定干预,则说系统是自组织的。"自组织的本质特征是组织新的稳定结构是自发产生的,在不断变化的环境影响下,组织能够自主地通过内部进化机制与外界进行物质、能量、信息的交换,实现由低级无序到高级有序的转变。

智能汽车产业创新生态系统是通过内部各主体间的竞争与合作机制来实现从无序结构向有序结构的演化,具有典型的自组织特征。第一,智能汽车产业创新生态系统本身从结构上来说就是开放的,生态系统中的所有企业都有加入该网络并做出贡献的机会,开放的组织结构使得网络中的企业能够快速地实现知识共享与协作,能够快速响应市场需求、增加产业凝聚力,更有利于企业与外界进行交互,为产业集群输入负熵创造条件,从而推动创新生态系统由无序向有序的不断转变。第二,智能汽车产业创新生态系统具有不稳定性,在运行过程中,政策、知识、技术等多方面都会出现一定的变化,新型专业人才、新技术、新融资渠道等的出现都有可能导致产业创新生态系统的涨落,当系统的涨落运动处在不稳定点时,系统各种要素和参数的竞争协同可能引发整个系统表现出有序时空以及功能行为,这就有利于系统向有序结构的方向演变,即随机"涨落"有利于实现自组织演化。第三,智能汽车产业创新生态系统是一个不可逆的、非平衡的系统,在创新过程中生态系统形成了健全的内部竞争机制和激励机制,使创新生态系统及组织逐渐形成了一种有竞争、有差异的远离平衡态,同时,在该系统中知识的共享与协作是一个随时间变化的并且与环境演化相协同的过程,它关于时间的不对称性决定了其不能自发地进行反演,因此具有不可逆行性。第四,智能汽车产业创新生态系统中各成员之间的作用是非线性的,随着时间、地点和条件的不同,各成员会表现出不同的交互方式,产生不同的交互效应,整个创新生态系统要达到生态最优必须通过各模块间的非线性作用产生的自组织效应来得以实现。

(1) 自组织进化动力

协同理论常常使用动力学方程构建系统自组织进化的动力机制模型:

$$Z = az^2(1-z) - bz + \Gamma(t) \tag{2.1}$$

其中,$Z$ 表示产业集群创新生态系统的自组织发展状态,$z$ 表示创新成熟度,$a$ 表示强度系数,$-bz$ 表示限制性因素降低知识创新成熟度变化的作用,$\Gamma(t)$ 表示随机"涨落"力作用。

通过对方程(2.1)的变换,自组织机制方程变换为

$$\frac{\mathrm{d}q}{\mathrm{d}t} = -q^3 + \alpha q + \beta + \Gamma'(t) \tag{2.2}$$

其中 $q = \sqrt{a}z - \dfrac{\sqrt{a}}{3}, \alpha = \dfrac{a-3b}{3}, \beta = \dfrac{2a-9b}{27}\sqrt{a}, \Gamma'(t) = \sqrt{a}\,\Gamma(t)$,为了简化分析,令方程(2.2)中的 $\beta = 0, \Gamma'(t) = 0$,只考虑含单个参数 $\alpha$ 的动力学方程:

$$\frac{\mathrm{d}q}{\mathrm{d}t} = -q^3 + \alpha q \tag{2.3}$$

由 $q = 0$ 得到方程(2.3)的三个定态解:$q_1 = 0, q_2 = \alpha, q_3 = -\alpha$。由此可知:当 $\alpha < 0$ 时,此时 $q_2, q_3$ 为虚数,无实际意义,$q_1 = 0$ 为创新生态系统的稳态解;当 $\alpha > 0$ 时,3个定态解均为实数解,此时 $q_1 = 0$ 为系统不稳定解,$q_2 = \alpha, q_3 = -\alpha$ 是稳定态解。即 $\alpha = 0$ 为创新生态系统的分岔点,当 $\alpha$ 从 $\alpha < 0$ 状态逐渐增大并跨越这一点时,创新生态系统的系统性质将会发生显著变化,如图 2-3 所示,系统既有新定态的创生和稳定态数目的增加,又有稳定性的交换,是一个由旧结构稳定性消失到新结构确立的有序进化过程。这个创新进化路径受到 $az^2(1-z)$ 的影响。而要顺利实现从无序结构向有序结构的转变,增加创新正反馈系数或者降低限制性因素,$b$ 是关键,这正是创新生态系统组织创新的必要条件和内部机制。

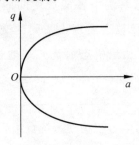

**图 2-3　创新生态系统**

在智能汽车实际产业创新过程中，经常发现创新难点在某一时点上顷刻间突破，创新技术成熟度骤然提高满足市场需求的现象。产业创新过程发生突变，创新会从一个阶段非常迅速地跃迁到另一个阶段，这种突变特征证实了熊彼特关于创新是"创造性破坏"的论断，而这种机制还需要从产业生态系统内部主体之间的互动博弈中去考察。

（2）自组织进化过程中的博弈

自组织进化过程中的智能汽车产业创新生态系统具有能动性和学习能力，在其发展起步的现阶段，系统内各主体为了应对市场和环境的急剧变化，积极选择进行合作与协同竞争。但由于资源的不对等及创新能力有限，部分中小企业可能在创新过程中更倾向于"搭便车"，而不愿意进行先期的研发投入。因此，生态系统内就会出现主体间的互动博弈关系，本书对智能汽车产业创新生态系统内的主体博弈过程进行如下分析：

设系统内有两个创新组织 $E_1$ 和 $E_2$，其学习能力分别为 $S_1$ 和 $S_2$，且各自的学习能力是系统嵌入性 $\rho$ 的增函数，即 $S_i'(\rho)>0, i=1,2$。$E_1$ 和 $E_2$ 协同创新的成本分别为 $C_1$ 和 $C_2$，并假定协同创新成本是生态系统嵌入性 $\rho$ 的减函数，即 $C_i'(\rho)<0, i=1,2$。令 $I$ 表示双方协同创新时知识共享总量，$N_1$ 和 $N_2$ 表示双方不合作时的创新收益。假定 $E_1$ 和 $E_2$ 对协同创新的认识能力和预测能力有限，双方的策略选择分别为 $C$ 协同创新和 $N$ 不协同创新。则博弈双方的支付矩阵如表 2-1 所示。

表 2-1　考虑嵌入性的支付矩阵

| | | 创新组织 $E_2$ | |
| --- | --- | --- | --- |
| | | 协同创新 $C$ | 不协同创新 $N$ |
| 创新组织 $E_1$ | 协同创新 $C$ | $N_1+S_1(\rho)I-C_1(\rho)$,<br>$N_2+S_2(\rho)I-C_2(\rho)$ | $N_1-C_1(\rho)$,<br>$N_2$ |
| | 不协同创新 $N$ | $N_1, N_2-C_2(\rho)$ | $N_1, N_2$ |

设 $x$ 和 $1-x$ 分别表示 $E_1$ 选择协同和不协同的概率，$y$ 和 $1-y$ 分别为 $E_2$ 选择合作和不合作的概率。则

$E_1$ 选择知识共享、协同创新时的收益为

$$E_{1C} = y(N_1 + S_1 I - C_1) + (1-y)(N_1 - C_1) = yS_1 + N_1 - C_1$$

$E_1$ 不进行协同创新的收益为

$$E_{1N} = yN_1 + (1-y)N_1 = N_1$$

期望收益平均值为

$$\overline{E_1} = x \cdot E_{1C} + (1-x)E_{1N} = N_1 - xC_1(\rho) + xyS_1(\rho)I$$

同理，$E_2$ 的纯策略收益为

$$E_{2C} = x(N_2 + S_2 I - C_2) + (1-x)(N_2 - C_2), \quad E_{2N} = N_2$$

期望收益平均值为

$$\overline{E_2} = N_2 - yC_2(\rho) + xyS_2(\rho)I$$

创新组织 $E_1$ 和 $E_2$ 进行的复制动态方程为

$$\begin{cases} \dfrac{\mathrm{d}x}{\mathrm{d}t} = x(E_{1C} + \overline{E_1}) = x(1-x)[yS_1(\rho)I - C_1(\rho)] \\[3mm] \dfrac{\mathrm{d}y}{\mathrm{d}t} = y(E_{2C} + \overline{E_2}) = y(1-y)[xS_2(\rho)I - C_2(\rho)] \end{cases}$$

进一步均衡分析，首先对 $E_1$ 的动态方程进行分析，当 $y = \dfrac{C_1(\rho)}{S_1(\rho)I}$ 时，

$\dfrac{\mathrm{d}x}{\mathrm{d}t} = 0$，也就是说所有的 $x$ 都是稳定状态，当 $y \neq \dfrac{C_1(\rho)}{S_1(\rho)I}$ 时，$x=0$ 和 $x=1$ 是

两个稳定状态，同样地，对于 $E_2$，当 $x = \dfrac{C_2(\rho)}{S_2(\rho)I}$ 时，$\dfrac{\mathrm{d}y}{\mathrm{d}t} = 0$，所有的 $y$ 都是稳定

状态，当 $x \neq \dfrac{C_2(\rho)}{S_2(\rho)I}$，$y=0$ 和 $y=1$ 是两个稳定状态，因此系统有 5 个局部平

衡点（表 2-2），其均衡点的稳定性是由该创新组织得到的雅可比矩阵 $\mathbf{J}$ 的局

部稳定分析得到。

$$\mathbf{J} = \begin{pmatrix} (1-2x)[yS_1(\rho)I - C_1(\rho)] & xyS_1(\rho)I(1-x) \\ xyS_2(\rho)I(1-y) & (1-2y)[xS_2(\rho)I - C_2(\rho)] \end{pmatrix}$$

表 2-2　局部稳定性分析结果

| 均衡点 | J 的行列式的符号 | J 的迹的符号 | 结果 |
|---|---|---|---|
| $x=0,y=0$ | $+$ | $-$ | ESS |
| $x=0,y=1$ | $+$ | $+$ | 不稳定 |
| $x=1,y=0$ | $+$ | $+$ | 不稳定 |
| $x=1,y=1$ | $+$ | $-$ | ESS |
| $x=\dfrac{C_2(\rho)}{S_2(\rho)\mathrm{I}},y=\dfrac{C_1(\rho)}{S_1(\rho)\mathrm{I}}$ | $-$ | $0$ | 鞍点 |

图 2-4 描述了智能汽车产业创新生态系统内部协同的动态过程,(0,0)和 (1,1)是博弈的两个进化稳定策略(ESS);两个不稳定的均衡点(1,0)和 (0,1)以及鞍点 $D\left(\dfrac{C_2(\rho)}{S_2(\rho)\mathrm{I}},\dfrac{C_1(\rho)}{S_1(\rho)\mathrm{I}}\right)$ 连成的折线为系统收敛于两个稳态的临界线,即 $E_1DE_2C$ 部分系统将完全协同创新,$E_1DE_2N$ 部分系统将完全不合作。

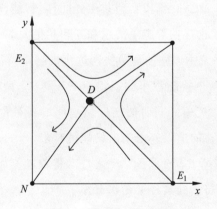

图 2-4　动态关系演化图

从图 2-4 可以看出,系统的演化以鞍点 $D\left(x^D=\dfrac{C_2(\rho)}{S_2(\rho)\mathrm{I}},y^D=\dfrac{C_1(\rho)}{S_1(\rho)\mathrm{I}}\right)$ 为临界,基于前文假设:$S_i'(\rho)>0,C_i'(\rho)<0,i=1,2$,可知 $x^D(\rho),y^D(\rho)$ 随着 $\rho$ 的增加而减小,即随着 $\rho$ 的增加,$E_1DE_2C$ 部分的面积将越大,系统收敛于

均衡点 $C$ 的概率增加,主体选择协同创新概率也将增加。事实上,随着系统嵌入性的增加,各主体的学习能力提高而创新成本下降,主体协同创新的动力会显著提高。然而,过高的嵌入性会削弱创新生态系统的开放性,最终会陷入技术路径依赖。

## 2.4.2 竞合协同进化机制

(1) 创新生态系统主体间的作用关系

与自然界的生态系统一样,智能汽车产业创新生态系统也是一个相互联系、相互制约的统一综合体。在这个复杂的系统中,每一个创新组织都有其特定的位置,并与上下左右的创新组织建立了密切的联系。在智能汽车产业创新生态系统中,各个组织成员之间的相互关系可以是间接的,也可以是直接的;这种影响可以是有利的,也可以是有害的。一般来说,生态学中最主要的生态关系有两种:竞争关系和互利共生。同样,智能汽车产业创新生态系统中的创新组织之间也存在着竞争关系和互利共生关系。

(2) 创新生态系统主体间的竞争协同进化机制

假定群中仅有两个智能汽车创新组织 $E_1$ 和 $E_2$,两者研发同一种产品,因而存在着市场上的竞争。同时假定区域空间的各种创新要素禀赋是一定的,故存在着创新收益的上限。由于市场规模有限,当 $E_1$ 研发产品的竞争力强于 $E_2$ 时,$E_1$ 将挤掉 $E_2$ 而取胜;反之,$E_2$ 将取胜。如双方都不能完全挤掉对方,则竞争结果将达到某种平衡状态。

$E_1$ 和 $E_2$ Logits 增长方程分别为

$$\frac{\mathrm{d}y_1}{\mathrm{d}t} = r_1 y_1 \left(1 - \frac{y_1}{k_1}\right)$$

$$\frac{\mathrm{d}y_2}{\mathrm{d}t} = r_2 y_2 \left(1 - \frac{y_2}{k_2}\right)$$

其中，$y_1$、$y_2$ 分别为 $E_1$ 和 $E_2$ 的创新产出水平；$r_1$、$r_2$ 分别为组 $E_1$ 和 $E_2$ 理想环境下创新产出水平的最大变化率；$k_1$、$k_2$ 分别表示 $E_1$ 和 $E_2$ 由环境所决定的最大创新产出水平。

两组织的竞争程度可用竞争系数表示。设 $E_1$ 对 $E_2$ 的竞争系数为 $\alpha = y_1/y_2$，$\alpha$ 表示将 $E_2$ 的创新收益折算为 $E_2$ 的创新收益的比率，显示了在有限的环境下，$E_2$ 的创新收益对 $E_1$ 所产生的效应。同理，设 $E_1$ 对 $E_2$ 的竞争系数为 $\beta = y_2/y_1$，$\beta$ 表示将 $E_1$ 的创新收益折算为 $E_2$ 的创新收益的比率，显示了在有限的环境下，$E_1$ 的创新收益对 $E_2$ 所产生的效应。由此 $E_1$ 的竞争方程为

$$\frac{\mathrm{d}y_1}{\mathrm{d}t} = r_1 y_1 \left( \frac{k_1 - y_1 - \alpha y_2}{k_1} \right)$$

$E_2$ 的竞争方程为

$$\frac{\mathrm{d}y_2}{\mathrm{d}t} = r_2 y_2 \left( \frac{k_2 - y_2 - \alpha y_1}{k_2} \right)$$

（2）稳定点求解

显然，$E_1$、$E_2$ 竞争达到平衡状态时的方程为

$$\frac{\mathrm{d}y_1}{\mathrm{d}t} = 0 = \frac{\mathrm{d}y_2}{\mathrm{d}t}$$

图 2-5 表示在有竞争的情况下 $E_1$ 的平衡条件。横坐标表示 $E_1$ 的创新产出水平，纵坐标表示 $E_2$ 的创新产出水平，对角线上的点则表示平衡的条件。最极端的情况有两种：一种是 $E_1$ 研发的产品在市场上完全挤掉了 $E_2$ 研发的产品，即 $y_1 = k_1, y_2 = 0$；另一种是 $E_2$ 的研发产品在市场上完全挤掉了 $E_1$ 研发的产品即 $y_1 = 0, y_2 = k_1/\alpha$。这两种情形就是图中对角线两端所代表的条件，对角线上其余的点代表了所有其他的平衡条件。在对角线内侧，$E_1$ 的创新产出水平会增加，即 $\mathrm{d}y_1/\mathrm{d}t > 0$；在对角线的外侧，$E_1$ 的创新产出水平就会减少，即 $\mathrm{d}y_1/\mathrm{d}t < 0$。

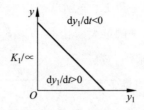

**图 2-5　组织 1 的平衡条件**

同样,图 2-6 表示 $E_2$ 的平衡条件:或者全部为 $E_2$ 研发的产品,即 $y_2 = k_2$,$y_1 = 0$;或者全部为 $E_1$ 研发的产品,即 $y_2 = 0$,$y_1 = k_2/\beta$;或者是对角线上任何点所表示的 $y_2$ 与 $y_1$ 的配合。在对角线内侧,$E_2$ 的创新产出水平增大,而在对角线外侧,$E_2$ 的创新产出水平减少。

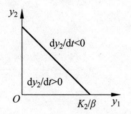

**图 2-6　组织 2 的平衡条件**

将图 2-5 和图 2-6 叠加起来,可得到 4 种可能的结果。这种情况将取决于 $k_1$、$k_2$、$k_1/\alpha$、$k_2/\beta$ 这四个值的相对大小。具体分析如下:

① 当 $k_1 > k_2/\beta$,$k_2 < k_1/\alpha$ 时,$E_1$ 胜 $E_2$ 败;

② 当 $k_1 < k_2/\beta$,$k_2 < k_1/\alpha$ 时,$E_2$ 胜 $E_1$ 败;

③ 当 $k_1 < k_2/\beta$,$k_2 > k_1/\alpha$ 时,由于 $\alpha = 1/\beta$,这种情况不可能出现;

④ 当 $k_1 > k_2/\beta$,$k_2 > k_1/\alpha$ 时,两者处于不稳定的平衡状态,都有可能取胜。

可见,在竞争的情况下,不是 $E_1$ 合并了 $E_2$,就是 $E_2$ 合并了 $E_1$。所以在创新组织之间属于竞争关系的条件下,要想维持创新生态系统的平衡,智能汽车创新组织就不能完全同质,必须保持一定的差异性。

# 2.5  系统生态平衡条件

要实现智能汽车产业创新生态系统的生态平衡,必须满足以下几个条件。

(1) 具有竞争关系的创新组织之间必须保持适当的异质性

对于智能汽车创新领域重叠创新组织来说,它们之间应该具有一定的差异性,以避免恶性竞争。如果创新组织之间各自进行的技术创新完全同质,所开发的产品也将并无多大差别,激烈的竞争在创新组织之间将无法避免,最终智能汽车将陷入以价格竞争为主的恶性竞争循环之中。过度的价格竞争是把"双刃剑",各创新组织的利润都会大幅下滑,严重的甚至会诱使部分创新组织通过降低技术标准和产品质量等恶劣手段来降低成本,使得产品质量和品牌都受到伤害。长期下去,创新组织将无力进行技术创新活动,各组织的创新能力也将不断下降,因此丧失了长期发展的动力与活力。智能汽车创新组织之间正常的信任关系网络也将被破坏殆尽。在当前我国智能汽车产业系统中,创新组织间产品和技术趋同的现象十分普遍,内部存在日趋激烈的价格竞争,这已经直接影响到产业创新生态系统的健康发展。

因此,在智能汽车产业的发展过程中,政府可以通过鼓励创新、保护知识产权、加强质量监督等措施来增加其创新组织间的差异程度。

(2) 具有共生关系的创新组织之间必须形成完善的分工协作创新网络

首先,具有互利共生关系的创新组织之间彼此不能过于依赖,必须在互利合作的基础上保持适当的竞争。竞争是创新组织获得竞争优势的重要动力,激烈的竞争有利于促进组织的创新,无情的竞争规律形成强大的压力,使组织加快技术创新的步伐,不断开发新的产品品种和生产工艺。适当的竞争保持了整个生态系统的活力,从而增强了整个产业的竞争能力和竞争优势。其次,智能汽车产业的创新个体之间存在着各种各样的合作关系,包括技术创新链上的分工合作关系、共享各种创新资源等,这一切都有利于创新个体创新能力的增强,是智能汽车产业竞争优势所在。

因此,竞争和合作对智能汽车产业来说都非常要,关键是要在竞争和合作之间取得平衡。要达到竞争和合作之间的平衡,关键是在系统内形成功能完善、分工协作的创新网络。当产业系统的各类创新组织,如研发类组织、上游与下游组织、中介服务机构、政府部门、金融机构等在产业创新中适当的位置形成均衡横向的创新网状结构时,它们之间形成了激烈的竞争,而纵向分工的组织间则通过分工合作完成了技术创新的整个过程,这样,智能汽车产业生态系统创新组织间就可以达到既竞争又合作的状态。

(3) 创新组织之间嵌入性大小基于相互关系性质

生态系统的平衡是对一定的环境条件而言的,环境条件的急剧改变往往引起生态平衡的破坏和生态系统的解体。同样,区域给产业提供的环境空间也必须维持在一定的水平,不能急剧地减小。在进行智能汽车产业创新生态系统研究时,曾假设生态系统所在区域环境空间的各种创新要素维持不变,但现实中是很难实现的。随着科学技术的迅猛发展,生产技术、资本流动、市场需求,所有这些"环境条件"的变化都可能破坏产业的均衡。要维持系统的平衡状态或者在新的条件下达到新的平衡,智能汽车产业生态系统必须在组织竞争与互利的基础上建立创新机制,形成持续的竞争优势,同时通过外界的物质交流、人才交流、资金交流和信息交流,建立开放型的生态系统,使得区域环境空间的各种要素禀赋保持在一定水平,或者能与时俱进得到较大的提高,从而引导智能汽车产业生态系统扩充和发展到新的水平。

因此,在智能汽车产业生态系统的发展过程中,要保持和促进系统与外界的物质和信息交流。系统与外界的联系主要包括市场和技术两方面，政府可以通过建立专业化的产品交易市场、举办产品博览会、贸易洽谈会、招商引资会等加强系统与外部市场的联系，也可以组织内部机构到相关的技术中心进行考察、学习和学术交流活动、通过系统内的大学和研究机构引入新的行业技术知识、积极从外部引入科研机构、引入有创新能力的人才等加强系统与外部的技术交流。

第三章

治理机制

智能汽车产业创新生态系统各创新主体之间在竞争合作过程中,会受到互动模式、规则、约束的支配和影响,这些规则、约束就是治理机制。构建智能汽车产业创新生态系统治理机制目的在于促进智能汽车产业创新,实现产业的可持续发展。本章首先构建基于多中心治理理论的智能汽车产业创新生态系统治理结构模型,然后对智能汽车产业创新生态系统治理主体的功能进行定位,在此基础上对智能汽车产业创新生态系统治理机制进行探索。

# 3.1　治　理　结　构

## 3.1.1　多中心治理理论

"多中心"(poly-centricity)概念最早由 Polanyi 提出,认为组织"社会任务"存在两种秩序:一是指挥的秩序,通过一体化的命令结构来控制主体的行为,具有终极的权威;二是多中心的秩序,主体行为受多因素影响且相互独立,可以在规则的约束下自由追求个人利益并确定与其他主体的相互关系。两者特征比较如表 3-1 所示。多中心秩序是自发产生的,即主体自发形成多个利益团体,为共同目标协同行动,同时,多个利益团体在协同行动时分享着有限的且相对自主的专有权,来决定、实施和变更行动规则。现阶段学者对"多中心"形成了较为统一的概念,界定为:借助多个而非单一权力中心和组织体制治理共同涉及的事物或组织,提供公共服务,强调参与者的互动过程和能动创立治理规则、治理形态,其中自发秩序或自主治理是其基础。

表 3-1　指挥秩序与多中心秩序的比较

|  | 指挥的秩序 | 多中心的秩序 |
|---|---|---|
| 基础 | 以官僚制理论为基础 | 以公共选择理论为基础 |
| 秩序特征 | 强调权力的集中和人为的秩序 | 强调权力的多元性和自发的秩序 |
| 组织形式 | 强调行政等级关系 | 强调自由竞争 |
| 功能 | 有利于保持政府行动的一致性,有利于产生规模效益,从而适用于政府的管制功能 | 有利于响应多元化的需求,有利于行政创新,适用于公共服务的提供 |

多中心治理(polycentric governance)是 E. Ostrom 提出的公共选择学派的主要理论之一,在多中心概念的基础上发展而来的。多中心治理即把相互制约但具有一定独立性规则的制订和执行权分配给数量众多的相关单位,所有治理主体的地位都是有限但独立的,没有任何团体或个人作为最终的和全能的权威凌驾于法律之上,以此来避免权力过于集中,以保证治理体系的活力和效率。多中心治理需要遵循三方面原则:一是需要主体能够自发地组织起来参与共同目标的协同行动;二是允许主体在符合基本行为规则的前提下,通过制定或修订规则适当地增加自己的利益;三是需要建立主体动机与组织目标之间的关系。

### 3.1.2 治理结构模型

智能汽车产业创新生态系统治理结构是系统内的组织结构、基于权力分配及任务承担的企业之间的关系,它是生态系统内各种主体在共同演化过程中相互博弈的结果。生态系统的核心要素为系统内主体,包含:政府管理部门、产业链相关企业、产业平台、各类研究型机构和金融机构(如创投机构)。本书将基于多中心治理理论来构建创新生态系统的共治模型,如图 3-1 所示。

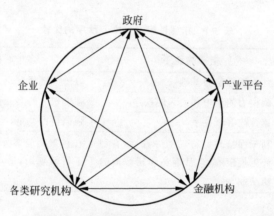

**图 3-1    智能汽车产业创新生态系统的多中心治理结构模型**

图 3-1 表明,智能汽车产业创新生态系统的多中心治理主要是通过多个主体的互动博弈来实现的,其主要目的在于协调创新生态系统内部关系,提升产业整体的创新绩效。其特征如下:(1)政府管理部门、各类研究型机构、金融机构、产业链相关企业、产业平台都是智能汽车产业创新生态系统治理结构中的权益主体,多中心权威治理逐渐取代传统的单中心权力体制;(2)主体之间会相互作用,共同完善创新生态系统治理结构,但各主体必须在边界范围内享受权利,不能破坏创新生态系统治理结构的力量均衡和相对稳定;(3)治理结构的动态演进可以规范创新生态系统各行为主体的行为。多中心主体之间的反复博弈会提高智能汽车产业创新生态系统治理结构的效率,而

合理的治理结构则又反过来推动生态系统创新绩效的提升。

# 3.2　治理主体功能定位

智能汽车产业创新生态系统治理主体主要有政府管理部门、产业链相关行业、产业平台、各类研究型机构和金融机构。它们在系统治理中的功能定位如下。

## 3.2.1　政府管理部门

政府管理部门的支持对智能汽车产业尤为重要,智能汽车产业是具有较强正外部效应的产业,如果单靠市场自发调节,产业发展的道路将非常漫长,我们要借鉴美国、日本、欧盟各国发展智能汽车产业的成功经验,充分发挥政府和公共部门的协调、指导作用,同时加大资金的支持和政策的倾斜。政府管理部门在治理中的功能定位主要体现在以下两个方面。

(1) 营造创新生态环境

为加快推进智能汽车创新发展,政府部门应编制智能汽车创新发展战略、产业规划以及相关的扶持政策,与此同时,还应抓紧出台汽车产业投资管理的相关规定,进一步深化改革、简政放权,加强事中事后监管,为产业发展营造良好环境。就智能汽车产业发展现状,政府应重点关注三点。一是制定创新发展战略,勾画行业发展新蓝图,形成中国标准智能汽车的技术创新、产业生态、路网设施、法规标准、产品监管和信息安全体系基本框架。二是培育新业态、探索新模式,要积极培育道路智能设施、高精度时空服务和车用基础地图、车用通信、信息安全、数据服务、智能出行等智能汽车新业态,加强智能汽车复杂应用场景的大数据应用,重点在数据增值、出行服务、金融保险等领域,培育新商业模式。三是健全和营造市场环境,同时,加强知识产权保护,健全技术创新专利保护与标准化互动支撑机制,促进创新成果知识产权化,加强化质量、安全、环保、反垄断等监管执法力度,规范智能汽车市场秩序;健全智能汽车领域信用规范,引导企业履行社会责任,营造诚实守信市场环境;发挥行业协会、研究机构、公共服务平台等支撑作用,为企业提供咨询和专业化服务;加强智能汽车科普与宣传,鼓励企业开展试乘试驾体验活动,支持各类新闻媒体加大对智能汽车高效、节能、安全、环保等特点的舆论宣传,提高社会认知度。政府一方面通过政策的制定加强软环境的建设,打造良好的地方制度环境、社会文化环境、机构环境以及市场环境,使创新主体在公平信任的创新环境下竞争与合作。另一方面则是改善硬环境,既给产业链内企业提供良好的生存发展环境,也可以吸引更多的企业尤其是技术先进的跨国公司的入驻,为产业的发展升级提供优良的硬件支撑。

(2)协调主体间的互动博弈

智能汽车产业创新生态系统是一种多中心的动态结构,政府还可以通过一系列的措施承担协调的职责,如通过产业政策、税收优惠政策、科技政策等各种方式激发企业的创新热情,积极传播企业家精神的价值理念,充分发挥企业家在创新生态治理过程中重要作用;通过法律手段来确立产业平台产业链地位,为产业创新活动提供信息传递与服务;通过财政支持和科技政策等引导各类研究型机构参与产业链内的产学研合作,为产业创新升级提供专业知识、技术培训、技术人才等高级生产要素,提升知识资源的利用效率,挖掘其附加价值;通过健全企业信用评级制度和融资担保体系来进一步完善产业金融服务体系,引导金融机构积极参与破解系统内中小企业的融资瓶颈,积极引导资金注入产业链的创新活动之中,为产业系统内企业提供各种金融信息服务。

## 3.2.2 产业链相关企业

企业作为智能汽车产业创新生态系统行为主体,其治理功能主要体现在以下两个方面。一是有效规避生态系统内企业间的机会主义。作为一个"经济体",实现利益最大化是企业的追求目标,它们有回避风险的内在冲动,然而,在智能汽车产业创新生态系统中的制造企业力量悬殊,当有大量稀缺资源的制造企业参与到生态系统的创新生态治理时,其他微小企业就不得不重新做出决策,选择以核心企业为中心来确定自己的发展方向,除了采用法律等手段来规范企业的关系外,还可以通过声誉、社会惯例等非正式的治理机制来保障企业自身利益。二是可以进行有效的创新激励。在网络关系中,各主体想获取利益,仅仅依靠自身拥有的资源是不够的,还取决于其他主体所控制的资源,以及整个网络组织对资源的整合能力。制造企业是智能汽车产业创新生态系统的基本节点,也是价值创造过程中的决定性因素,能把网络组织的多中心治理与自身的层级治理充分结合起来,创造企业自身及产业链整体的竞争优势,强化企业间的资源共享与分工合作,使得企业间的竞争合作更紧密,创新环境也得到优化。

## 3.2.3 产业平台

创新平台为政府、企业、科研机构等主体的沟通提供合作平台,为智能汽车产业创新生态系统的有效运行提供有力支撑。成功的平台搭建可以整合系统内的优势资源,加强合作研发,共担风险;同时,开放的创新平台是吸引智能汽车产业创新资源的重要途径。创新平台的一个重要功能是实现资源共享,信息资源除了在各主体之间传递外,还可以直接汇集到创新平台实现共享,这将大大提高信息的利用效率,节省信息传递时间,从而提高创新生态系统的运行效率。创新平台的另一个重要功能是技术标准的建立与推广,技术标准在智能汽车产业创新生态系统中起着核心枢纽作用,创新生态系统要求各主体是系统的、整体性的创新,各主体应采用相同的技术标准,而这恰恰是我国智能汽车产业存在的一个主要问题。目前,我国智能汽车没有统一的行业标准,研发机构、生产企业、地方政府等都是各自为战,不仅造成研发资源的浪费,而且加大了智能汽车的推广障碍。而在欧美发达国家,智能汽车技术标准已实现统一，并呈现出将标准国际化的态势。如果这样，我国的智能汽车产业将再次面临被国外企业控制的风险。我们必须通过创新平台，掌握关键领域的核心技术，并逐步实现技术专利化-专利标准化的战略设想，最终在世界智能汽车产业布局中占有一席之地。

## 3.2.4　各类研究型机构

各类研究型机构包括研发新技术的高等院校、科研机构和从事创新研发活动的组织等。高等院校在创新活动中主要从事基础科学的研究，高等院校拥有大量的研究设备和实验场所，同时拥有大量的高精尖人才，研究实力雄厚，而基础科学具有公共物品的特征（非排他性、非竞争性），让汽车制造企业去从事基础研究是不现实的，目前，吉林大学、哈尔滨工业大学、清华大学、北京理工大学、同济大学、武汉大学等 10 余所院校进行智能汽车领域基础科学的研究。科研院所也从事基础科学的研究，但更侧重于应用研究，科研院所掌握着最先进的科研资源，在智能汽车技术研发中发挥关键核心作用，我国从事智能汽车研发的科研院所将近 100 所，其中规模较大的有中科院化物所新能源动力研究所、九夷三普、安乃达、御能动力、天津蓝天、华中科技、时代集团等，同时，比亚迪、奇瑞、长安等自主品牌汽车公司也在进行智能汽车的研发，为智能汽车产业的发展提供了有力支持。

研究型机构作为技术的输出者，在整个创新生态系统中有着决定性的作用，是智能汽车产业发展的关键。目前，我国尚没有掌握智能汽车领域的核心技术，以智能停车系统技术的专利为例，日本拥有 20％的国家专利，美国约占 35％，韩国和欧洲约占 20％，而我国只占 3％。目前，我们的研究主要处于改进型阶段，基础研究和应用研究严重不足，缺乏统筹发展，这成为制约我国智能汽车产业发展的根本问题。我们应从战略的角度思考这一问题，加强关键技术和核心技术的基础研究。各类研究型机构作为专业人才和知识技术的"摇篮"，在产业经济发展中具有独特的作用，是产业创新生态治理的主要力量，可以培育和创造高级生产要素，提升创新生态治理能力，还可以促进各创新主体多中心联动,优化系统的创新氛围。此外,产、学、研、政之间合作的深度、广度和密切度也必将是智能汽车产业走向成功的重要原因。

### 3.2.5 金融机构

金融机构作为智能汽车产业创新网络的一个重要行动者,在智能汽车研发、生产存在巨大资金需求的情况下,其功能强大。强大的功能主要体现在两个方面。一是提供创新资源并改善创新环境。良好的金融支持可以促进智能汽车产业整体发展,因为金融支持能够促进新技术、劳动力等要素得到充分利用,解决技术更新、产能扩张及营运资金的不足,促进企业生产专业化和规模化,还可以通过资金支持帮助小企业在创新中长大,改变自身的地位,获得创新内在动力,进而使产业链的整体创新速度得以加快。同时,金融机构还能完善智能汽车产业创新生态系统内的服务网络和基础设施,提升产业链的生产效率和集聚能力。二是通过投资引导来避免智能汽车及相关产品的恶性竞争。金融机构本身具有很强的逐利性,因此它可以协助市场机制来发挥动态调节作用。金融机构会对投资项目进行主动的识别和筛选,对产业链内不同的制造企业会实施差别化的支持,这就有效地避免了产业链内企业间的产品同质化,恶性竞争得到遏制。另外,金融资本的进入还能促进智能汽车产业创新生态系统内各主体的有序竞争,随着制造企业和其他主体的不断自我强化,产业整体竞争水平将会进一步提高。

# 3.3 多中心治理机制

智能汽车产业创新生态系统多中心治理机制主要表现为自发的多中心参与和持续互动,目的是要实现三个主要目标:防止多中心主体利用相互之间的契约不完全和信息不对称来谋利,降低机会主义所带来的风险;防止合作者因利益问题而扭曲合作行为,终止战略伙伴关系;制约与调节多中心合作主体,使他们同步互动并有序协作,从而使组织行为与其战略目标相一致。基于这三个目标,本研究将智能汽车产业创新生态系统治理机制归纳为约束机制、风险评估与规避机制、激励机制、协调整合机制和政府推引机制。它们都能够在一定程度上发挥对智能汽车产业创新生态系统的治理功能,降低系统创新的风险。

### 3.3.1 约束机制

智能汽车产业创新生态系统本质上是围绕智能汽车产业链上各主体形成的各种正式与非正式协作关系的总结构。约束机制是对创新生态系统内部违约者的惩罚制度,通过约束机制直接对系统成员的行为做出限定,防止某些行为对系统的总结构造成破坏。缺乏监督约束时企业之间的博弈过程我们可以通过简单模型分析如下。

假设系统中只有两个创新主体 $E_1$ 和 $E_2$,其中,$E_1$ 具有创新的主动权和资源优势,$E_2$ 则属于跟进模仿型,整个创新周期为 $a$。在开始时,如果 $E_1$ 选择不创新,那么两个创新主体的收益都是 $x$;如果 $E_1$ 实施创新后,在被 $E_2$ 仿制前每个单位时间内可以获利 $5x$,创新投入为 $y$,而 $E_2$ 如果选择跟进模仿,所需要的时间成本忽略不计,如果不跟进模仿其利润将降至 $0.1x$,如果 $E_2$ 跟进模仿后选择不降价,考虑到市场份额 $E_2$ 被 $E_1$ 占领,利润将变成 $0.5x$,如果选择降价利润则升至 $2x$。而在 $E_2$ 选择降价的情况下,$E_1$ 被仿制后利润将降至 $x$,如果 $E_2$ 选择不降价那利润则为 $4x$。最后可以得到表 3-2。

表 3-2 创新主体博弈的支付矩阵

| | $E_1$ 创新 | $E_1$ 不创新 |
|---|---|---|
| $E_2$ 仿制后降价 | $(5ax-y)+(b-a)x, 0.1ax+2(b-a)x$ | 无 |
| $E_2$ 仿制后不降价 | $(5ax-y)+4(b-a)x, 0.1ax+0.5(b-a)x$ | 无 |
| $E_2$ 不仿制 | $(5ax-y), 0.1bx$ | $bx, bx$ |

从表 3-2 中可以看出,如果 $E_1$ 选择创新,考虑到自身利益,$E_2$ 会迅速跟进仿制出产品并降价来获取更大利润。在这种情况下,$E_1$ 尽管具有创新优势,但只有当其预计利润满足时,它才会开展创新活动,如果创新期望利润值不断缩小,$E_1$ 的创新动力也会迅速减弱。当其期望利润值低于 $0.1ax + 0.5(b-a)x$ 时,出于对这种竞争不公平的心理,$E_1$ 将会选择放弃创新,由此,两个主体的创新博弈最终会陷入"囚徒困境"。另外,从表 3-1 中还可以看出,模仿所需时间是这两个主体利益的关键影响因素。$E_1$ 出于延长创新成果独享期的考虑,会尽可能地防止创新信息向外扩散,这样会伤害到整个产业链的发展。产业生态系统的一个主要优势就是信息的共享和知识的溢出效应,如果主观原因导致创新主体社会网络联系出现脱节,主体之间没有足够的交流和合作,最后整个产业链的发展都将陷入危机。因此,治理主体必须建立良好的行业规范和监督机制,来引导和约束创新主体的市场行为,这种机制分为正式机制和非正式机制两种,正式机制主要由政府职能部门负责组织实施,而非正式机制则需要整个产业生态内部的共同参与。

正式约束机制主要是制度约束,常见的制度约束有:①知识产权保护。知识产权保护主要通过增加溢出接收方的成本,影响溢出效果。设知识产权保护系数越高,知识溢出效应越弱,此时将促使较多的创新能力不是非常雄厚的主体参与创新。主体的创新成果有很好的保护机制时,它的创新预期收益也会得到保证,其创新动力自然也大大增强了。②规范市场机制。市场规范机制可以通过监督主体间行为、惩罚违规主体来限制系统内恶性竞争。这包括两个方面,首先是对违规行为发现处理的概率,其次就是制定处罚的力度。③建立利益分配机制。利益分配的关键在于,根据系统中各方贡献的大小,公平合理地对利益进行分配;同时,合作各方应该参与利益获取方式决策和监督,良好的利益分配机制应符合平等、互利互惠、风险与利益一致原则。

基于模块/构件等核心技术且法律上独立的各经济主体因"背对背"竞争导致信息不对称,而且由于个人有限理性、外部环境瞬息万变的不确定性,合约当事人或合约仲裁者不可能观察或证实一切,也没有办法制定好处理未来所有事件的一切条款,而且这种缺口很难由第三方仲裁机构弥补,因此基于社会关系的"非正式机制"则成为基于合约关系"正式机制"的有效补充。常见的非正式机制约束有:①网络声誉约束。已有研究表明,在一定规模范围内,欺骗者能够被准确地识别并且网络中所有交易者都能以较低成本了解这一信息,依靠"众口相传"这种信息弥散方式可以保证声誉机制发挥作用,信息的畅通传递渠道使得仅靠声誉机制就能保证合作的顺利进行,而今网络信息的及时、普遍性又将这个范围扩展至全球。在全球范围内,声誉是难于构建而易于破坏的,创新生态系统中基于"重复交易"的成员前期联盟经历直接影响着其在后期能否被合作伙伴信任。②专用性资产投资锁定。专用性投资具有"捆绑效应",将合作伙伴更紧密地联系在一起。一方面,前期经历中所带来的信任、协同效益导致创新生态系统中成员专用性资产的再投入,基于协作研发的创新网络因资源优势获取网络效应从而收割了行业中大部分剩余,任何一个创新主体单独运行都无法超越协同效应带来的丰厚收入。因此,模块设计商/生产商不会轻易破坏这种合作关系。另一方面,因分工细化使大量企业专注于技术创新中的某一小模块,对于这种缝隙型组织,若离开已有创新生态系统,不仅会因合作的失败让初期投资无法得到回报,而且因为产品通用性大大降低难以在市场上找到更佳的合作伙伴,从而引发更大的沉没成本。

### 3.3.2　风险评估与规避机制

智能汽车产业创新生态系统面临诸多风险,包括:机会主义风险、外部环境风险、协作风险等。机会主义风险发生的主要原因是系统内部主体间的信息不对称。个别实力欠缺、信用不佳的主体会"搭便车",损害系统的整体利益,同时,由于合作过程中要求合作主体之间实现信息资源和数据共享,这就意味着主体本身的许多信息都会公开,有可能造成优势主体核心和独特技术的流失。智能汽车产业创新生态系统技术创新生境包括政策环境、文化环境、基础设施环境、金融环境、市场环境、技术环境,技术创新往往会由于外部环境的不确定性,如基础设施的完善程度、消费者的选择行为等引发一定的风险,随着外部环境的突发变化可能导致系统运行暂停,甚至造成整体创新失败。协作风险,如文化难以相容产生文化摩擦风险,长期合作形成定式思维而带来的创新能力下降风险。

面临诸多的风险,应建立智能汽车产业创新生态系统风险评价体系,根据风险评价体系分析后得出的风险类型和等级进行预警,并根据不同的风险状态、风险程度和特征,向决策者与相关管理者及时反馈,以便进行及时有效的处理。实践中,智能汽车产业创新系统规避、应对风险常采用以下几类方法。

第一,建立动态合作机制。智能汽车产业链创新主体众多,难免有一些创新主体难以与整个系统共生演化,导致系统生态位缺失引发创新生态系统运行风险,动态的合作机制可以较快地形成强强联合的机制,让研发水平领先的主体或信息管理完善的主体或市场渗透能力强的主体充分发挥自身优势,迅速更新创新活动,让系统内部能够快速反应风险事件。

第二,完善知识产权保护。智能汽车产业技术创新投入巨大,但其成果保值性较差,极易被模仿或被在其基础上二次创新的技术替代。因此,要实施严格的知识产权保护制度,制定实施惩罚性赔偿制度,要完善商业秘密保护法律制度,积极发挥司法机构在知识产权保护方面的作用。同时,提升引导系统内主体的内部信息管理能力,增强运用信息管理应对风险的意识。

第三,实施多维度策略。我国智能汽车产业创新生态系统安全体系建设应充分发挥政府、行业组织、企业等多方力量,形成合力。政府层面,出台智能汽车领域相关安全技术标准,推动安全体系的建立,构建良好的漏洞发布机制。创新主体层面,进行创新生命周期全过程安全管理,考虑研发、技术转化、市场等所有过程安全因素,积极预测应对。行业组织层面,建立以"控制中心"为首的创新网络安全架构,形成有效的创新工程风险解决流程和预案。

### 3.3.3　激励机制

激励机制是指通过对系统成员各方成本和收益的内化,抑制搭便车等机会主义行为,即通过各种机制让多中心主体了解违约的机会成本和协作发展带来的收益,收益大于成本的部分就是激励机制的激励根源。各创新主体资源相互依赖,价值共同创造和分享,作为"经济人"的成员各方可能会试图少做贡献而多分享价值,这些机会主义行为使生态的创新能力下降和优势丧失。治理主体根据各自的利益诉求而参与产业生态系统中组织的治理活动,可以抑制短期行为的冲动,为建立和维护好的协作提供较强的激励。

创新生态系统的收费和价格激励机制。在企业进行创新时,政府可给予技术支持,提供企业创新的人才和技术帮助。政府可以创造环境使得企业与大学以及其他科研机构加强合作和交流,使企业借助科研机构的创新能力来增强自己的研发能力,提高研发成功的概率,在提高企业期望收益的同时降低了研发可能失败带来的损失。另外,过高的创新成本使得企业无力承受和支付,将削弱其创新积极性,政府可给予一定的补贴或是政策上的优惠,降低创新成本,以保证企业创新后收益大于创新前收益,以增强企业创新动力。政府还可以通过直接性补贴或是政策上的优惠,放宽创新条件,直接刺激所示企业进行率先创新。

提高主体资源异质性来促进系统创新的激励机制。主体资源的异质性主要指系统内各创新主体在文化、知识背景上的异质性;系统内企业在生产效率、产品创新方面的异质性;各机构对技术前沿、市场环境的理解上的异质性。产业生态系统发展的初期,产业链系统处于远离非平衡状态,企业不断地进入,新技术不断的开发,大量的资金、专业人才被吸引到系统中来,基于产业系统各主体的异质性,系统内企业之间相互学习,产生知识的外溢,产业生态系统获得了大量的负熵,系统不断向有序化发展。而当系统进入成熟阶段,基于"强关系"的人际网络降低了系统内人才在地域、文化、职业等方面的异质性；产品的过度模仿，技术的外溢效应，降低了企业之间在生产效率、产品创新等方面的异质性；社会各主体之间基于地缘文化的相似，降低了生态系统各主体之间的异质性，使产业生态系统趋于平衡态，由此可能导致简单模仿、产品雷同和恶性竞争。按照耗散结构理论，通过异质性主体之间的不断交流，以及信息充分共享，可以为产业生态系统获得大量的负熵，从而优化智能汽车产业生态系统的资源配置。

### 3.3.4　协调整合机制

智能汽车产业生态系统的协调整合是企业、高校和科研机构等主体在功能与资源优势方面的协同化，是不同生产要素的有效组合，它们之间的协同能力越强，合作过程中的障碍因素越少，可以取得的效益也就越高。协调整合的目的是围绕共性目标、结合自身功能与资源优势通过协调分工与合作、实现生产要素有效配置的一系列制度安排，其流程如图 3-2 所示。

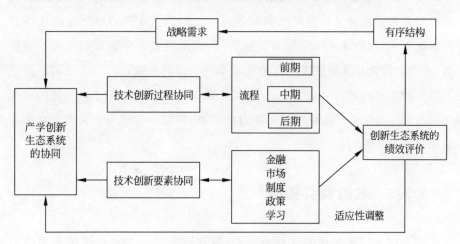

**图 3-2　智能汽车产业生态系统的协调整合机制**

协调整合机制的实现途径有：①政策协同。产业生态系统内的相关政策应进行有效的协同，任何政策都不是孤立存在的，都会或多或少受到其他政策的影响，产业、科技和教育政策的整合协同能够推进产业生态系统协调合作的进程,促使合作各方共享研究成果,有利于科研成果的应用。政策的协同不同于各种政策的简单相加,而应该是制定出能够促进产业生态系统协调的政策体系。②技术协同。根据创新对象的不同,技术创新可分为产品创新和过程创新。产品创新是指改善或创造新产品。按照技术变化量的大小,产品创新又可划分为重大的产品创新和渐近的产品创新。过程创新是指生产产品的技术方面的变革,它包括新工艺、新设备以及新的组织管理方法的运用。企业、高校和科研机构等主体应相互分享技术知识,促进成果的移植,产业生态系统合作时,应该考虑自身的资源优势与风险因素,相互之间协调解决问题,有效合作。③制度协同。制度的束缚是产业生态系统协调合作的一个障碍因素,没有恰当的激励机制和金融制度无疑会影响到产业生态系统协调的顺利进行。这就要求调整制度体系,完善机制和管理方法,为合作提供良好的环境。制度创新还可以通过完善现有的金融制度和金融手段,合理配置金融资源,拓展融资渠道,为产业生态系统协调合作带来巨大的收益。④风险协同。智能汽车产业生态系统合作会带来技术工艺或产品的创新,而技术创新的显著特征是高风险和高收益。一项新技术从研发到投入市场都存在很大风险,如技术风险和市场风险等,这就需要一个良好的风险承担机制,否则必然会导致智能汽车产业生态系统合作的失败,因此,应当确定某个阶段不同主体的风险和收益。⑤知识交流与共享机制。各主体之间的知识交流与分享是提高产业链整体竞争力的关键,构建高效的知识交流平台和知识共享库至关重要。

### 3.3.5　政府推引机制

作为国家经济发展的支柱型产业,智能汽车产业生态系统中各利益共体协同创新方向既要坚持市场导向,又要坚持国家目标导向,这决定了政府在创新生态系统运营过程中的引导和集成作用。美国、德国等政府都在通过科技政策和专项资金等途径,引导和推动大学、科研机构、产业与政府间的合作。

政府在智能汽车产业生态创新系统中发挥集成、推进和引导作用,促进制造企业、科研院所、高校这三大创新主体协同合作。由于行政区管辖分割以及创新主体的地理分布,智能汽车产业生态创新系统呈现出相对的稳定性和区位性,各区域应在国家政策的指导下,积极推行区域支持举措。受到地方财力、技术信息与本地创新能力的限制,地方政府在推引时,方式有以下几种:①以地方政府投入资金、进行关键性技术研发为重点,通过与本地区技术能力的结合,提升整个产业的创新及竞争能力;②以不同渠道引入不同创新资源,通过地方政府整合,形成有效的技术创新能力。并通过技术外溢与信息共享机制,使得创新能力与技术信息迅速地在区域内扩散,从而促使区域内产业能够低成本获得创新资源以提升自身技术开发能力;③加大促进技术信息交流、资源共享的平台建设力度。智能汽车产业生态创新平台是系统内重要的机构,帮助创新组织与行业协会建立广泛的技术与市场联系,解决系统内收集技术与市场信息的成本过高等问题。

# 第四章
## 发展模式

考虑智能汽车产业创新生态系统演化和治理机制,基于智能汽车产业创新生态系统发展阶段需求及规律,构建与之相匹配的智能汽车产业创新生态系统发展模式,并提出发展模式选择与动态转换策略。

## 4.1 发展模式设计思路

结合智能汽车产业创新生态系统演进机理分析,智能汽车产业创新生态系统发展模式设计须与系统不同生态演进阶段的内外环境变化相适应,还应具有针对性、动态性和匹配性等特征。智能汽车产业创新生态系统发展模式的构建思路应从智能汽车产业持续发展的战略高度,基于智能汽车产业创新系统不同生态化演进阶段的产业创新需求以及各阶段系统内主体间的协同度与发展要素差异,围绕循序升级、协同共生的原则进行设计。智能汽车产业创新生态系统发展模式的变化路径如图 4-1 所示。

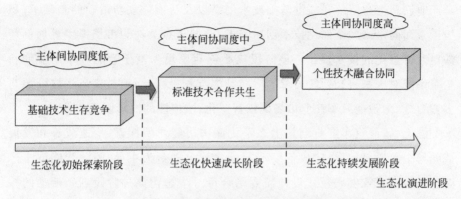

图4-1　智能汽车产业创新生态系统发展模式变化路径

初始探索阶段。初创阶段,智能汽车产业创新生态系统各主体多是独立进行活动并创新,但由于各主体集成科技资源及创新能力有限,难以完成复杂、多样化的科技创新需求,因此为更加有效提升智能汽车产业科技创新发展,以关键基础技术创新为核心,开始重点关注为产业提供基础、关键的技术创新活动。该阶段在市场需求推动下,核心发展思想为基于智能汽车产业创新生态系统发展主体间联盟合作,通过彼此科技资源共享共用,为产业提供系统内优质科技资源协同匹配的核心技术创新支持。

快速成长阶段。随着智能汽车产业创新生态系统快速发展,在进行核心技术创新的基础上,系统将逐步积累大量的科技资源、市场需求以及技术创新经验,并逐步提炼出一批标准化创新模块。因此为进一步大幅提升智能汽车产业创新效率,高效增强产业的整体竞争能力,有效降低创新成本,智能汽车产业创新生态系统将逐步围绕大量共性化的科技创新需求以及重复性的创新活动,以创新高效为核心,开始重点关注为市场提供更加高效、智能化的创新技术的供给。该阶段在创新效率牵引下,核心发展思想为通过积极引入新兴信息技术和技术研发管理方法,基于智能汽车产业创新生态系统统一标准化处理科技资源以及建立创新模块等方式,制定创新规划与分工,为产业智能化创新活动提供支持。

持续发展阶段。当智能汽车产业持续发展,逐渐演进至成熟阶段时,伴随智能汽车产业面向未来更高层次的技术创新需求的逐步增加,要求智能汽车产业创新生态系统在提供基础技术创新以及智能化创新活动的基础上，积极探索面向未来的个性化技术创新需求，开始重点关注为市场提供更加创新性以及智慧化的技术供给。该阶段核心创新思想为基于智能汽车产业创新生态系统对未来科技创新需求的协同预测与积极引导，通过集成多样资源与多方智慧，为智能汽车产业市场提供智慧化、增值性的汽车创新技术。

综上，智能汽车产业创新生态系统演进历经初始探索、快速成长和发展成熟三个阶段，每一个阶段都以不同模式技术创新为主导，因此智能汽车产业创新生态系统发展模式设计需要结合每一生态化演进阶段创新活动的核心与特色，构建一套与生态系统演进阶段相匹配适应且柔性的发展模式。基于该设计思想，围绕智能汽车产业创新生态系统演进机理分析，智能汽车产业创新生态系统发展理念须由原有内部各主体"独立创新"逐步向"协同创新"转变，发展形式也须结合智能汽车产业创新生态系统生态化演进阶段中创新要素呈现出的"基础技术竞争创新→模块化智能创新→个性化智慧创新"的演进轨迹及规律。围绕上述规律，可将智能汽车产业创新生态系统发展模式按照三个生态化演进阶段，细分为基础技术创新发展模式、智能模块创新发展模式和智慧个性创新发展三种类型。

# 4.2 基础技术生存竞争创新

## 4.2.1 内涵及特征

处于初创期的智能汽车产业创新生态系统，对系统内、外部环境控制能力较低，无论在内部结构中，还是与外部环境之间，没有建立起真正意义上的物质、信息与资源循环，互动较少。该时期的系统，协同理念初步形成，但由于主体数量较少、资源不足，各主体更关注其自身的生存与发展，主要通过竞争尽可能争取各类资源开展基础技术的创新活动。该模式主要特征如下。

（1）强竞争性。创新主体数量较少，创新活动较为独立，主体均以维持生存为主要目标，为获取有限的资源进行强烈竞争，合作意识淡薄。同时，由于智能汽车产业自身也是一个新兴行业，没有形成完善的生态链和生态网，主体可以集聚的资源很少，无法表现出源源不断的可持续创新能力，多数创新主体都会选择核心技术的研发，通过核心技术的优势占有市场份额。

（2）高闭合性。智能汽车产业创新生态系统内主体在初期都会产生较强的资源保护意识，在创新活动过程中，只以自身的特征为标志分成几个部分再通过物质、能量来联系两端的创新主体，拒绝在行业内产生更多的关联与协作，由此，形成封闭式的资源和能量循环，最终形成一条主要的闭合回路。

## 4.2.2　适用条件

智能汽车产业创新生态系统由多个主体构成，这些主体会为了争夺有限的生存资源或生存空间而相互竞争。胜出者获得生存发展机会，失败者生存更加艰难或被系统所淘汰。基础技术竞争创新发展模式作为智能汽车产业创新生态系统初创期最为主导的发展形式，依据市场对智能汽车的核心技术要求，不断调整创新方案，并兼顾主体之间联盟合作的自主性，对外提供最为专业化、精细化、网络化与集成化的协同创新，可以更加有效提升系统内科技创新发展。

鉴于基础技术竞争创新发展模式设计是基于智能汽车产业创新生态系统主体间的初步交互，系统内部的组织管理方式应相对独立，与此同时，各创新主体的发展目标及运营方式存在一定差异。具体体现在：第一，创新目标差异化，虽然智能汽车产业创新生态系统以最强创新支撑产业发展为宗旨，但其内部主体多样、特征各异，主要针对特定基础技术模块的培育与发展，为市场提供不同产品方面的技术创新支持，因此各主体的创新目标存在一定差异；第二,创新主体结构差异化,创新主体由企业或科研机构组建,在本质上,不同的企业或科研机构,其组织结构有所不同；第三,创新方式差异化,由于创新主体的服务目标、组织结构都存在差异,而主体创新方式一般是依照目标,经过组织决策与业务管理进行设计的,因此创新方式也呈现出一定的差异化。

基于上述分析,基础技术竞争创新发展模式的生态系统管理方式应遵循市场对核心技术越发高质量的需求,不断协同创新主体间的发展目标,并秉承主体间协同统一的创新战略规划与方向,分别结合主体的不同特色,在各主体创新资源开放共享以及部分创新科技实现交互的基础上,实行差异化管理。此外,结合智能汽车产业创新生态系统初期演进规律,基于其体系内创新主体之间的动态交互关系,所外化供给的竞争创新发展模式,需要注重各创新主体之间管理组织结构的相对集中与信息资源传递的高度通畅,并不断针对市场核心需求以及外部技术等环境的复杂变化,及时调整管理方式与决策。

# 4.3　标准技术合作共生创新

## 4.3.1　内涵及特征

标准技术合作共生创新发展模式是针对智能汽车产业创新生态系统快速发展阶段,系统内创新主体间协同创新理念不断深化以及协同度大幅提升,进一步协同解决众多标准智能驾驶技术的研发创新需求以及循环性的科技创新活动,为有效提高创新效率、降低创新成本,以大数据、云计算、人工智能等先进信息技术为支撑,将具有共性特征且能重复使用的创新资源进行标准化模块处理,以协同创新面向市场共性技术需求,高效提供多主体标准化创新技术的一类智能性创新方式。

合作共生创新发展模式的设计主要基于智能汽车产业创新生态系统快速发展,当智能汽车产业进入快速发展的阶段,消费群体接受程度高,形成了较为成熟的市场,系统内的创新主体面向大规模共性化的智能驾驶技术需求,通过开发标准化创新模块,为用户提供多智能标准模块组合的技术支持,通过系统联合对科技资源与研发的知识性和模块化处理,为产业生产提供多项标准化资源与技术智能组合的发展方式。标准技术合作共生创新发展模式的主要特征如下。

(1)协同性。标准技术合作共生创新发展模式是以基础技术生存竞争创新发展模式为基础,在创新生态系统进行生存竞争的基础上,面向大量共性化的智能驾驶技术创新需求以及重复性的智能制造,伴随系统生态化的快速发展,智能汽车产业创新生态系统内部创新主体会大幅提升彼此间的协同性,以有效提高研发创新效率。主体在不断深化协同创新理念的基础上,加速协同资源供给方式、创新匹配形式等研发核心,最大化实现多主体协同效应。

(2)灵活性。灵活性是标准技术合作共生创新发展模式的基本特性,具体体现在标准技术合作共生创新发展模式的实现需要系统内主体基于有效的协同发展与创新资源库的相互链接,围绕物联网、大数据等新兴信息技术引入,通过统一标准化模块处理智能驾驶技术创新资源,制定智能驾驶技术标准,面向市场需求以及对市场共性需求的有效分解,采用联合研发的按需灵活匹配,为市场提供高渗透率的智能驾驶技术。同时,由于可以快速做出跨主体的联合创新响应,该模式还可以高效地提升系统的整体技术创新效率。

(3)智能性。标准技术合作共生创新发展模式的实现需要创新系统积极引入先进的信息技术与创新管理方法,使内部各主体具有智能化的资源处理能力,能够通过高效识别市场复杂的智能驾驶技术创新需求,合理调动系统创新主体间的存量科技创新资源,实现智能化的创新资源供给以及有效平衡主体间的创新活动。

## 4.3.2　适用条件

标准技术合作共生创新发展模式是基于智能汽车产业创新生态系统快速成长阶段,伴随智能汽车产业创新生态系统内创新主体间协同程度的大幅提升,而进一步为有效提高合作创新效率、降低系统内无须竞争及资源整合度低的合作创新模式。

标准技术合作共生创新发展模式需要系统内各创新主体都能依托网络互联、人工智能等新兴信息技术引入,通过开发标准化技术模块,制定技术研发标准,按照市场需求与智能驾驶技术研发融合度变化,高效、灵活、智能地为市场提供其所需的高效协同创新支持。随着智能汽车产业创新生态系统创新主体间合作共生关系的不断深入与稳定,以及系统发展逐步完善所带来的主体数量和资源的不断增多,智能汽车产业创新生态系统将基于大量创新资源与研发经验,以快速有效地抓住市场消费者需求为出发点,不断增强自身创新能力与研发效率,提供更加高效的创新服务。

标准技术合作共生创新发展模式顺应与遵循智能汽车产业创新生态系统的生态化发展规律,其适用条件应伴随系统内创新联盟合作的不断深入,通过主体间创新资源交互与研发水平互补有机组合,存在于智能汽车产业创新生态系统快速成长的阶段。但由于该阶段智能汽车产业创新生态系统中各创新主体实力相当,创新主体在创新资源拥有量和研发能力方面差异不大,高水平大学,如同济大学、清华大学之间的强强联合,以及研究机构和企业之间的创新合作,催生了强大的技术创新,但是实力对称主体之间的合作共生,容易导致系统内部多类主体间发展的失衡,不利于系统可持续的发展。因此,这种合作共生发展模式是平台生态系统发展期的一个阶段,适用于创新主体数量较大、创新资源分布呈现明显两极分化特征的智能汽车产业创新生态系统。但后续系统发展愈加完善,内部合作找到了一个合适的平衡点,该发展模式将会被新的发展模式替代。

# 4.4 个性技术融合协同创新

## 4.4.1 内涵及特征

个性技术融合协同创新发展模式是针对智能汽车产业创新生态系统发展较为成熟阶段,系统内创新主体高度协同且达到融合发展状态,基于整体的创新协同与研发水平升级,进一步面向未来智能汽车产业发展日益个性化的智能驾驶技术需要,以信息互联及智库系统为核心,围绕创新研发能力的积累,从战略层面集成多方主体智慧为市场持续创新提供特色智能驾驶技术方案的一类引导性创新发展方式。个性技术融合协同创新发展模式的主要特征如下。

(1)协同性。该模式是智能汽车产业创新生态系统发展较为成熟阶段的主导创新模式,是主体智慧有机融合实现协调发展所形成的高级创新模式,主要通过创新主体资源的有机融合,针对市场前瞻性及个性化的智能驾驶技术创新需求,通过信息互联及智库系统的协同运行,提供智慧融合化的智能驾驶技术。

(2)增值性。该模式的实现需要根据产业发展对于战略规划制定、前沿智能驾驶技术发展预测、技术创新可行性判定等前瞻性及个性化的研发需求,提供协同融合式的创新服务,在这一过程中,通过协同筛选与集成智能驾驶技术研发领域专家、组建高端研发团队,再通过围绕创新资源的高效率研发活动以及创造性研发的不断突破与完善,将促使大量智能驾驶技术创新成果有效产出,形成较强增值效应。

## 4.4.2　适用条件

个性技术融合协同创新发展模式是源于智能汽车产业创新生态系统健康度大幅提升后,逐步趋于成熟完善的发展状态,且伴随智能汽车产业整体创新水平升级,面向其未来前瞻性及个性化的智能驾驶技术研发需求所设计的融合多主体资源的发展模式。

由于集智能汽车产业创新生态系统的协同发展和高效创新为一体,其运行一方面需要依托智能网联、大数据等先进信息技术为有效支撑,另一方面需要充分围绕智能汽车产业创新生态系统内外优质创新资源与研发水平,基于创新主体间高度协同,对市场提供高质量的智能驾驶技术创新服务。因此,个性技术融合协同创新发展模式作为利用协同融合进行研发创新的最高端,且是在生态系统处于持续健康发展阶段时的典型发展模式,其适用条件应伴随智能汽车产业创新生态系统实现创新主体融合发展,系统协同研发能力的大幅提升的发展阶段。系统将面向市场前瞻性及个性化的智能驾驶技术需求,围绕优质创新资源与研发智慧,提供高端的、前瞻的及增值性的研发方案。

个性技术融合协同创新发展模式的管理方式首先应站在智能汽车产业创新生态系统的整体发展战略高度,基于创新主体的高度协同发展,围绕主体间协同融合程度的不断深化以及资源共享系统的协同建设与不断运行完善,来集成庞大的研发去面向市场智能驾驶技术需求,提供高端差异化的智能驾驶技术。平台生态系统处于成熟期时,各类创新主体间关系稳定,创新资源、技术需求等要素饱和,对创新主体的创新资源拥有量以及研发能力并没有特殊要求,系统处在较高生态位,只需内外主体能产生良性的相互影响即可。

# 4.5 发展模式动态转换策略

生态化不仅是智能汽车产业创新生态系统试图实现的最优发展状态,也是一种可持续的发展过程。伴随智能汽车产业创新系统的不断发展,其创新主体间的协同发展状态与协同创新要素将随之发生变化,并使得智能汽车产业创新系统在不同演进阶段下的主导服务模式也发生动态变换,如图 4-2 所示。

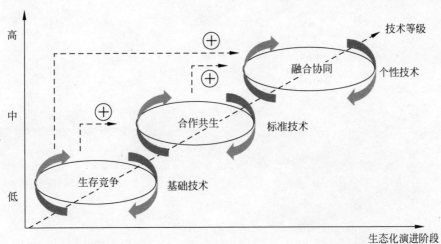

图 4-2 发展模式动态转换示意图

智能汽车产业创新系统处于初始发展阶段时,其内部创新主体各自独立的创新模式无法有效满足智能汽车产业复杂的智能驾驶技术创新需求以及市场消费者对于智能驾驶的更高要求,随之将初步围绕合作共生的发展理念,依托相互间联盟合作与创新资源的积极共享,选择以标准技术创新为目标的合作共生创新发展模式,大幅提升了创新效率、提高了研发的水平。伴随智能汽车产业创新生态系统持续健康发展,其内部创新主体间协同合作关系将不断增强,系统创新水平和研发质量也将大幅提升,此时系统将更进一步面向未来智能驾驶日益个性化的智能技术需求,通过融合更多创新主体智慧,在竞争发展模式和合作共生发展模式的基础上,提供更具创新性、前瞻性与引导性的发展模式,同时上述三种发展模式在智能汽车产业创新生态系统持续发展完善阶段相互支撑且共存。三种发展模式的选择及动态调整须具体依据智能汽车产业创新生态系统所处健康状况、生态化演进阶段、实际内部创新主体的协同度以及市场智能驾驶技术的需求状态等维度进行。

# 第五章
## 健康度指标

在理论研究和实践操作中,了解产业创新生态系统的现状和可持续发展能力,健康度的评价问题是不可回避的。作为一个具有生长周期的"生命"系统,不同产业创新生态系统的发育成长程度是有差异的。建立科学合理的指标体系,对智能汽车产业创新生态系统的健康度进行客观分析,有利于更加准确、客观地明晰智能汽车产业创新生态系统发展的基本状态,科学预判其演化发展的趋势。

# 5.1　健康度内涵

### 5.1.1　内涵

"健康度"并非一个严格意义的学术概念,健康的生态系统最原本的含义是指生态系统发育到完备的阶段。目前,有部分学者对健康度进行了定义,如表 5-1 所示。本文将智能汽车产业创新生态系统健康度描述为:是否具有合理的主体组成和良好的环境质量、通畅的资源流动与共享方式,可以持续高效地生产出有价值的智能技术和智能产品,能给利益者带来较为丰厚的回报。智能汽车产业创新生态系统在制定目标的时候,着重于考虑利益相关者以及全社会的利益,健康的智能汽车产业创新生态系统有其特定的构成要素及属性:具有合理的创新主体结构、良好的创新环境、优化的智能制造人才管理机制、高效的智能产品产出、很强的可持续性。

表 5-1  生态系统健康内涵

| 学者 | 界　定 |
| --- | --- |
| Rapport<br>(1998) | 生态系统自我维持与更新的能力,以及满足外部合理要求的能力。如果一个生态系统具有活力和自我的运作能力,能保持持续稳定,且能承受一定的外界压力,那么就可以认为该生态系统是健康的。 |
| 袁兴中<br>(2001) | 生态系统的内部组织和秩序的整体状况,判断依据为:系统内部的能量流动以及物质循环是否正常;系统对外界干扰的长期效应是否具备抵抗力与修复力;系统是否可以保持自身组织结构的持续稳定;系统是否具备自我调节能力。 |
| 张仁开<br>(2016) | 指创新生态系统知识生产、知识应用、知识扩散等功能的强大及其有效的运行,健康的创新生态系统大多接近最理想状态、最理想形态或最理想模式,功能发育最完备、运行最顺畅、创新效率最高。 |
| 颜永才<br>(2013) | 健康的生态系统有良好的内部秩序与合理的组织结构,物质、信息和能量在系统内可以通畅地流动与转化,系统具有一定的活力、抵抗力、修复力、自组织能力和可持续性,具有物质能量储备及其良好的转化能力和效率。生态系统健康不仅是种状态,还是一个过程或条件,在时间、空间以及不同标准上具有一定的特殊性和限制性。 |

## 5.1.2　健康特征

(1)将系统建设纳入智能汽车产业发展总体战略

日本在面向 21 世纪的智能汽车产业科技开发战略中,提出建设高水平、高效率的先进研究开发创新生态系统,政府部门专门制定了"国立大学等设施紧急整备 5 年计划"。欧盟于 2007 年起实施第 7 个研究框架计划,其首要目标是增强欧盟的智能汽车研发基础能力,建设研发平台、促进研究成果有效转化。美国政府在智能汽车研发总投入中专门列支出"研发设施"一项,能源部每年向其所属的 30 个国家实验室的支持经费达 70 亿美元。韩国智能汽车科技创新计划提出,改善智能制造基础设施,为实力研发人员建立科技研究中心。将系统建设纳入产业发展总体战略是智能汽车产业生态系统健康度提升的基础和保障。

(2)重视协同性建设

美国新一代汽车计划的目标及其组织运行模式实质就是一个实现关键技术突破的开发共享平台。该项目由副总统直接分管,总体协调,联合了能源部、商务部、运输部、国防部等政府机构,参与单位共 453 个,包括了美国众多名牌大学、国家研究机构、国家实验室,涉及 758 个子课题。三大汽车公司以合作者而不是竞争者的身份参加,并在计划中紧密合作。每年春季由美国科学院研究委员会对该计划的成果提出评审报告。德国整车企业与竞争对手、供应商、大学和研究机构开展了广泛合作及联合开发项目,交流知识、激发创意是他们产生创新的主要方式。此外,整车厂通过创新竞赛等虚拟平台将顾客整合到产品开发过程中来,从中获取创新灵感。但是,德国汽车制造商倾向于避免自身知识产权的外部利用,寻求创新成果的排他性。智能汽车产业生态系统主体繁多,协同性建设是其健康度提升的核心,不仅可以提升整个系统的创新效率,还可以极大程度地优化资源配置。

(3)注重政府引导下的社会化共建机制

将智能网联汽车作为未来发展的重要战略方向的国家和地区,为营造良好的产业发展环境,进行了积极的社会化共建。美国交通部更是不遗余力地致力于推动汽车产业发展,2018 年 10 月 4 日,发布《准备迎接未来交通:自动驾驶汽车 3.0》,为自动驾驶汽车与智能交通系统的安全融合提供了支持。欧盟 2018 年 5 月发布了《通往自动化出行之路:欧盟未来出行战略》,明确到 2020 年在高速公路上实现自动驾驶,2030 年进入完全自动驾驶社会,欧盟各成员国也相继出台了各项政策措施。2018 年日本政府与国土交通省相继发

布《自动驾驶相关制度整备大纲》和《自动驾驶汽车安全技术指南》,体现出了
对自动驾驶汽车的顶层设计和政策协同的高度重视。在社会化共建方面,各
国尤其重视以下几个方面的建设,一是保障财政稳定资助,二是共建共性技
术平台,三是调动创新生态系统的积极性。

(4) 强调共享开放

北美地区形成了以美国为核心,加拿大等国家配套发展的智能汽车生态
体系。美国凭借信息技术的全球领先优势,以车载智能芯片、车载操作系统
和车联网平台为突破口,全面布局智能汽车各关键领域。此外,硅谷初创企
业具有创新活力强、整合能力突出、融资活跃等特点,助推美国智能汽车产业
快速发展。欧洲地区形成了以德国为发展核心,法国、瑞典、荷兰、以色列、芬
兰、英国等国家协同发展的智能汽车生态体系。欧洲拥有全球领先的汽车企
业以及先进的智能驾驶技术,一级供应商依靠强大的创新能方和深厚的技术
储备、联合整车企业开展前瞻协同开发。此外,欧洲地区凭借欧盟成员国合
作交流便利的优势,形成了全欧范围内的产业协同发展。

# 5.2　典型国家系统健康现状

当前全球汽车市场分为 4 个区块:以德国、英国、法国为主的欧洲地区,
以美国、加拿大为主的北美地区,以巴西为主的南美地区,以中国、日本及韩
国为主的亚太地区。根据《2017—2022 年中国汽车销售行业发展模式与投资
战略规划分析报告》中的数据,我们可以看出:2016 年国际汽车产业的发展
急速上升,产销量均已超过 9000 万辆(其中:产量为 9498 万辆,销量为 9386 万
辆),增速超过 4.5%。全球化使全球联系不断增强,全球化和本土化的结合
在智能汽车行业发展中发挥得淋漓尽致。在工业 4.0 浪潮之下,全球各大汽
车产业及互联网产业的融合,汽车的生产及销售的重心已经从发达国家向新

兴的发展中国家转移。以"金砖五国"为代表的发展中国家的新兴市场将拉动全球的汽车销量,未来的十年甚至二十年汽车产业将会继续高速发展,尤其是智能驾驶技术的持续突破,新汽车的产销量将会持续提高。

纵观全球汽车市场,为了在汽车销量中有较好的表现,为了在汽车产业的第四次革新中以智能汽车来突破现有的发展瓶颈,大部分地区都在积极构建智能汽车产业创新生态系统,现有典型国家智能汽车产业创新生态系统现状如下。

## 5.2.1 美国

美国汽车工业已经存续一百多年,在与其他汽车强国的竞争中取得了长足的进步,在汽车技术领域不断创新,满足了消费者对于汽车造型和性能的要求,影响着全球汽车工业的发展。在美国,智能网联汽车已经上升为国家战略重点。美国交通运输部于 2015 年发布《美国智能交通系统(ITS)战略规划(2015—2019 年)》,汽车的智能化、网联化是该战略规划的核心,成为美国解决交通系统问题的关键技术手段。2016 年 9 月,美国交通运输部和国家公路交通安全管理局颁布《联邦自动驾驶汽车政策》,规定新的自动驾驶汽车技术必须满足 15 个要点的安全评估,为自动驾驶技术提供制度保障。已有加州、密歇根州、内华达州等 10 个州以及哥伦比亚特区颁布了无人驾驶法规,各州积极推进无人驾驶法规制定,对汽车制造企业运用技术的限制作了不同规定。

(1) 政府积极引导

美国 ITS 的发展由政府主导完成。美国 ITS 的研究开发历史可以追溯到 1967 年美国公共道路局和 GM 通用汽车公司进行的电子路线引导系统(electronic route guidance system,ERGS),由于在政策和资金等方面没有继续得到支持,1971 年该计划终止。在受到日本和欧洲交通信息化和智能化进展的冲击下,特别是进入 20 世纪 80 年代后期,冷战的结束和军转民的需要,促使美国大张旗鼓地开展起了 ITS 的有关研究开发工作。ITS 的发展极大地促进了美国智能网联汽车的快速发展，截至目前，在政府的积极引导下，美国的智能网联汽车生态系统发展历经了如下历程。

1991 年，美国国会通过了《陆上综合运输效率化法案》(Intermodal Surface Transportation Efficiency Act, ISTEA)，旨在利用高新技术与合理的交通分配提高整个路网的效率，确立了改善环境、提高能源效率、开发经济且高效的全国综合运输系统的奋斗目标。由美国运输部负责全国 ITS 工作，以后 6 年中政府拨款 6.6 亿美元，从此开启了美国 ITS 的大规模研究。

1992 年 5 月，ITS America 提出了《ITS 战略计划》(Strategic Plan for IVHS)，并于同年 12 月在国会得到通过，成了国家发展战略的主骨架。该计划提出了美国未来 20 年 ITS 发展目标：提高道路运输的安全性；扩大道路运输的容量以及提高其效率；提高道路运输的机动性、方便性以及舒适性；减少道路运输对环境的负面影响以及能源消耗；提高道路运输系统自身的有效性以及效率；培育美国具有基础、效益和成长性看好的 ITS 相关产业；加强和扩充 ITS 相关领域的系统教育，培养 ITS 的专门人才，促进 ITS 运输业相关组织和部门的活力；官产学在 ITS 研究开发、现场验证试验、实用化各个阶段的一体化。

1995 年，美国运输部与 ITS America 联合提出《美国国家 ITS 项目规划》，详细阐述了包含 ITS 的推进目标、投资决策、基础设施、用户服务等内容的引导性政策，并制订了具体研究计划。从技术发展阶段的角度，自 1991 年美国开始大规模进行 ITS 技术研究、验证，到 1998 年某些技术已经逐渐成熟。在这样的背景下，1998 年美国政府颁布《面向 21 世纪的运输平衡法案》(Transportation Equity Act for the 21st Century, TEA-21)，宣布从立法的角度重点由 ITS 研究开发转移为 ITS 基础设施实施和集成。1999 年，国会批准美国 1999—2003《国家 ITS 五年项目计划》(National ITS Program Plan Five Year Horizon)。作为 TEA-21 法案的执行计划，提出了以发展智能交通设施与智能汽车两大重点方向，并且提出从交通系统的角度，通过道路交通与智能车辆的无缝连接，提供最优的交通信息与交通控制，以提高交通运行的安全性以及移动性。

2002 年,作为 TEA-21 法案的后续计划,美国 ITS 协会与美国交通运输部联合提出了 2002—2011《国家 lTS 项目计划——十年计划》(National ITS Program Plan:A Ten-Year Vision),提出到 2011 年,将通过 ITS 安全技术,降低交通事故 15%,挽救 5000～7000 人/每年,通过信息提供与交通系统无缝连接,节约 200 亿美元/每年交通经济成本,节约至少 10 亿加仑原油,并提供有效的用户出行信息,同时提高交通系统抗恐怖袭击能力。

2005 年 9 月,继 TEA-21 法案后,美国国会通过了 SAFETEA-LU 法案(Safe,Accountable,Flexible,Efficient Transportation Equity Act:Alegacy for Users),该法案明确了 ITS 在解决交通问题领域的核心作用。在此基础上,提出了 2006—2010 美国 ITS 国家项目计划,并将发展中心聚焦于提高道路安全性,降低交通拥堵,提高交通参与环节连接性等三个方面,并形成了各领域共计 9 个重大研究专项。2010 年,美国交通运输部提出《ITS 战略计划(2010—2014)》(ITS Strategic Research Plan,2010—2014),美国第一次从国家战略层面,提出大力发展网联(V2X)技术及汽车应用,这也是无线通信技术、信息技术快速进步的产物。该研究计划从联网汽车应用,联网汽车技术,联网汽车政策与制度,基于特定模型的 ITS 研究,ITS 探索性研究,ITS 交叉行业支持等角度,制订了相应的研究计划。美国从 ITS 信息化研究应用为主,逐步演变为以车辆为核心,通过信息与车辆深入连接,来解决交通系统各类问题。美国 ITS 正式进入新的阶段。

2014 年,美国交通运输部与 ITS 联合项目办公室共同提出《ITS 战略计划(2015—2019)》(ITS Strategic Research Plan,2015—2019),这是 2010—2014ITS 战略计划的升级版,美国 ITS 战略从单纯的车辆网联化,升级为汽车网联化与自动控制智能化的双重发展战略,发展目标包括:提高车辆与道路安全;增强交通移动;降低环境影响;促进创新;支持交通系统信息共享。

(2) 示范区建设步伐不断加快

美国车联网技术经历了十余年的发展,在辅助驾驶、智能驾驶、规避危险、信息互换、安全舒适、节能减排等领域都有相应的进展和产业化,其中感知技术、无缝移动通信、商用车通信、精准导航、IVHS 信息平台和自驾驶等技术都相继取得关键性地进展。在积极创新技术的同时，美国将示范区及相关平台的建设也放在了重要位置。

2015年7月，全球首个自动驾驶封闭测试区M-City正式开园并引发广泛关注，也推动了世界各国竞相开展自动驾驶测试场的建设。M-City是世界上首个测试自动驾驶汽车、V2V/V2I车联网技术的封闭测试场，由密歇根大学移动交通研究中心负责建设运营。测试场位于密歇根州安娜堡市密歇根大学校园内，占地194亩，车道线总长约8公里，设置有多种道路和路侧设施模拟实际道路环境，主要包括用于模拟高速公路环境的高速实验区域和用于模拟市区与近郊的低速实验区域。其中，模拟市区的低速试验区完全模仿普通城镇建造，包含两车道、三车道和四车道公路，以及交叉路口、交通信号灯和指示牌等，提供了真实的路面、标志标线、斜坡、自行车道、树木、消防栓、周边建筑物等真实道路场景元素。M-City自2013年开始设计，2014年正式建设，启动资金总计1000万美元，由密歇根大学和密歇根州交通部共同出资。2015年7月正式开园运营，并引进了大量合作企业，包括17家"领导圈"会员和其他49家联盟成员，涉及汽车制造商、大数据管理、通信、货运和重型车辆、交通控制系统、保险、公共交通、支付系统、智能停车场等诸多行业。M-City是一个封闭的场地，出于安全和保密问题，访问仅限于参与试验的研究者，并按照不同级别的会员进行测试收费。

2016年11月，美国交通部公布"自动驾驶试验场试点计划"，并于2017年1月19日确立了10家自动驾驶试点试验场，分别为：匹兹堡市和宾夕法尼亚州托马斯·D.拉尔森交通研究所、得克萨斯州自动驾驶汽车试验场、阿伯丁测试中心、美国移动中心、康特拉科斯塔郡交通管理局、圣迭戈政府联合会、爱荷华城市地区开发集团、威斯康星大学麦迪逊分校、佛罗里达中部地区自动驾驶合作组织、北卡罗来纳州三角园区高速公路。这10个自动驾驶试点试验场分布于9个州，分别位于美国的东北部、东部、东南部、北部、中西部、南部、西部、西南部，实现了美国交通部希望的地区发展平衡。这些分布在美国各地的试验场具有差异化的气候条件和地貌特征，使自动驾驶汽车可以在更加丰富的条件下开展测试。

## 5.2.2　德国

德国是现代汽车的发源地,汽车工业实现的增加值约占德国国内生产总值的 20%,汽车产业是德国的支柱产业。德国的汽车技术一直保持在领先的地位,坚持技术领先是德国汽车工业发展战略的核心。德国汽车产业专业化,垄断竞争结构突出,独立零件供应商世界一流。政府也制定技术标准等形成了技术壁垒,以促进德国汽车工业的发展。2016 年德国汽车和工业的产能,出口和国内的销量与 2015 年相比都呈现上涨趋势。根据德国汽车工业协会(VDA)发布的数据显示,2016 年 12 月乘用车的销量达到 256533 辆,与2015 年同期相比增长了 3.7%。而 2016 年全年乘用车的销量达到了 335.1 万辆,与 2015 年相比增长了 4.1%。德国仍是西欧最大的乘用车市场;载货车销量 29.6 万辆,同比增长 7.6%;客车销量 6683 辆,同比增长 8.9%。分燃料来看,汽油车占比为 52.1%,柴油车占比为 45.9%,替代燃料车占比为 2.0%。新能源汽车销售方面,全年混合动力车销售 4.8 万辆(其中插电式混合动力 1.4 万辆),纯电动车销售 1.2 万辆。2016 年平均 $CO_2$ 排放量为127.4g/km,同比减少 1.4 g/km。

在自动驾驶专利数量方面,德国是排在全球第一位的,作为多家全球知名汽车厂商的故乡,德国也是世界上较早重视自动驾驶汽车并允许其路测的国家之一。美国有很多自动驾驶测试区,其实德国也有几处,但都较为隐秘。下萨克森州的自动驾驶研究欧洲领先,其 Lower-Saxony 测试区有 280 公里的测试道路。这个测试区是由下萨克森州和德国航天中心交通研究部(DLR)共同管理的。除了构建国内测试区,德国还同欧洲其他国家一起做联合测试。2017 年 2 月,德国交通部长宣布,德国和法国将在一段跨境的公路上设立自动驾驶测试区,用于"自动驾驶在实际跨境交通中的测试"。这个自动驾驶测试路段目前长度为 70 公里,从德国西部萨尔州的 Merzig 延伸到法国东部的 Metz。汽车厂商在这条道路上测试 V2X,以及超车、刹车、紧急报警以及呼叫系统等。

在智能驾驶受到强有力的竞争对手关注的情况下,德国汽车企业如何抓住新技术催生的经济机遇,又如何从全球科技公司日益增强的竞争力中胜出,仍有待观察。德国的智能汽车产业创新生态系统现状如下。

(1) 政府的大力支持

早在 2015 年 9 月,德国政府就宣布了自动网联驾驶战略,集中在基础设施、法律、创新、信息安全和数据保护。该战略旨在使德国成为自动网联汽车的领先供应商,并在市场上处于领先地位。2016 年 12 月,德国联邦交通运输和数字化基础设施部在实施该战略过程中,作为其"道路交通自动化及互联"项目的一部分,提供了 1 亿欧元的资金用于发展自动驾驶技术项目。除德国联邦交通运输和数字化基础设施部以外,德国联邦经济和技术部也向中小企业的自动电子驾驶项目提供了补贴。目前,众多德国政府资助的测试场地也已建成,2017 年,德国、法国和卢森堡达成跨境测试场地的协议,2018 年春,位于巴登-符腾堡州的自动驾驶测试路段投入使用,该测试场地包括各种不同类型道路。

(2) 良好的投资环境

对外国投资者而言,德国对外商直接投资持友好和开放的态度。德国外商投资控制法仅允许德国主管部门在交易被认为对公共政策或公共安全构成威胁时,才予以干涉或禁止交易。2017 年 7 月,德国就相关技术安全提出了新的要求,对外商投资政策略作紧缩,针对包括运输和交通在内的关键基础设施做出了更为详细的规定。根据相关立法文件,以上内容未涉及汽车出行,仅对公共运输和货物运输产生了影响。德国、法国以及意大利部长们呼吁在欧洲层面建立有效的防御措施来审查非欧洲国家投资者出于政治动机对高科技公司的收购。

(3) 立法日趋完善

立法方面,德国也走在全球前列。德国联邦政府于 2017 年 2 月 20 日向联邦议院提交《道路交通法》修订草案及立法理由书(18/11300 号文件),请求讨论表决,正式启动了本次《道路交通法》的修订工作。此后德国联邦议院于 2017 年 3 月 10 日第 222 次会议上对该修订草案进行讨论,并提交给联邦交通与数字基础设施委员会主议,给法律和消费者保护委员会及德国数字议程委员会共同商议。2017年5月12日,德国联邦议院对该修订的法律草案进行表决,以多数通过了该修订案。德国《道路交通法》修订的主要内容如下。

一是明确了智能汽车的定义。该修订案首先对智能汽车(高度或完全自动驾驶汽车)给出了定义。根据《道路交通法》修订案新增的条款,高度或完全自动驾驶汽车是拥有技术设备以实现下述功能的车辆:为完成驾驶任务(包括纵向和横向导轨),能在车辆启动后控制车辆;在高度或完全自动驾驶功能控制车辆的过程中,能够遵循规范车辆行驶的交通法规;可以随时被驾驶员手动接管或关停;可以识别由驾驶员亲自控制驾驶的必要性;可以以听觉、视觉、触觉或者可被感知的方式向驾驶员提出由驾驶员亲自控制驾驶的要求,并给驾驶员预留接管车辆的充足时间;指出违背系统说明的使用。自动驾驶汽车的制造商必须在系统说明中做出有约束力的声明,表明其汽车符合前述条件。

二是明确允许"按规定使用"自动驾驶功能。该修订案明确规定,允许使用高度或完全自动驾驶功能操作车辆,只要该自动驾驶功能是"按规定使用"。但它紧接着提出了两方面的要求:汽车本身必须满足德国国内法有关普通汽车及其许可的规定,应该符合由机器驱动并且不在铁路轨道上行驶的普通汽车定义,以及满足普通汽车的许可要求,也即应该在获得使用许可、特别许可或者通过注册码获得的 EC 型式认证的基础上提交申请,并由交通主管部门发放许可;自动驾驶的功能必须符合相关国际条约的规定,也即该自动驾驶功能除了符合第1a条第2款的定义之外,还应符合适用于德国的国际条约相关规定,或者根据2007年9月5日欧洲议会与欧盟理事会第2007/46/EC号指令的第20条获得了型式认证。

三是明确了智能汽车驾驶员的权利、义务和责任。该法案规定,智能汽车驾驶员是指启动该法案定义的高度或完全自动驾驶功能、利用其控制汽车驾驶的人,即使他在按规定使用该功能的时候不亲自驾驶车辆。驾驶员有权在驾驶期间借助高度或完全自动驾驶功能不亲自进行驾驶操作。但智能汽车驾驶员也承担了相应的警觉和接管义务。警觉义务是指在不亲自驾驶的期间，必须保持警觉，以便能随时履行法定的接管义务。接管义务是指当高度或完全自动系统向驾驶员发出接管请求，或者驾驶员意识到或基于明显状况应当意识到，车辆不再具有高度或完全自动驾驶功能所预设的使用条件时，驾驶员有义务立即接管汽车驾驶。另外，针对自动驾驶事故的赔偿数额，法案对车主设置了高于普通事故的最高赔偿额度。

四是明确了智能汽车信息存储、利用和保存规则。就数据的采集存储而言，根据法案的新规定，当驾驶操作者在驾驶员和高度或完全自动系统之间发生转变时，自动驾驶汽车将储存由卫星导航系统确定的地点和时间信息；如果系统对驾驶员提出了接管汽车驾驶的要求，或者系统出现了技术故障，这些信息也同样会被保存。针对智能汽车采集数据的利用，法案对车主设置了若干提供数据的义务：基于执法活动的合法需要而获取和利用相关的信息；第三方基于合法理由而获取和利用相关的信息；为了确保数据存储合乎法律要求的证明目的，法案要求，通常情况下自动驾驶汽车所存储的数据在六个月之后删除，但如果该机动车涉及第 7 条第 1 款所规定的事故的，相关数据应在 3 年后才可以删除（第 63a 条第 4 款）。

五是其他内容。修订案还规定了与后续法律制定及修正有关的内容。例如，对《道路交通法》第 6 条的修改以及新增的第 63b 条赋予了联邦交通与数字基础设施部拟定相关法律的权利，包括制定与无人驾驶停车、与数据储存及其保护相关的法律法规。此外，联邦交通与数字基础设施部将于 2019 年基于科技发展的状况对此法的适用进行评估（第 1c 条）。这些条款为以后进一步完善与自动驾驶相关的法律法规提供了很大的空间。

这是德国首部关于自动驾驶汽车的法律。根据这部法律，当汽车的高度自动或完全自动驾驶系统运作时，驾驶人可把对方向盘和刹车的控制交给汽车，自己进行浏览网页、查看邮件等行为。但驾驶人必须坐在方向盘后，如果自动驾驶系统出现意外，驾驶人要能及时介入并切换到人工驾驶模式。此外还规定，自动驾驶汽车还须安装类似飞机"黑匣子"的数据记录装置，记录系统运作、要求介入和人工驾驶等不同阶段的具体情况,以明确交通事故责任。德国法律关于驾驶员、所有人和汽车制造商责任的一般规定:在发生车辆造成生命、身体或财产损失或损害时,不论是驾驶员、汽车所有人或汽车制造商均可能承担责任。根据德国道路交通法,汽车所有人负有无过错严格责任。驾驶员同样需要承担责任,除非有证据证明损害并非由驾驶员造成。生命和身体损害的责任限额为五百万欧元,财产损害的责任限额为一百万欧元。如果生命、身体或财产的损害是由车辆本身缺陷造成,根据德国产品责任法,汽车制造商需承担无过错责任。但是如果以上缺陷基于产品投入市场时的科学技术无法被检测,则不适用上述责任——该例外规定可能会在自动驾驶新系统上适用。然而,为避免产品责任,汽车制造商需要不断优化和管理现有系统。由相同缺陷造成的生命或身体损害责任限额为八千五百万欧元。除了严格产品责任,若汽车制造商违反了德国侵权法下的一般规定,其仍需承担无责任限额的一般侵权责任。2017 年 6 月,德国道路交通法引入一项修正案。考虑到近期技术进步的速度,道路交通法修正案应在 2020 年进一步审查。

(4)知识产权保护有待改进

根据德国经济机构 2017 年 8 月的研究,全球申请的自动驾驶专利中有 52% 源自德国汽车制造厂商,博世、奥迪和大陆是自动驾驶领域的前三名。在供应链领域,76% 的相关专利来自于德国。鉴于专利技术对于自动驾驶至关重要,大公司和财务投资者可能会仅仅为了获得相关专利和技术而收购相关公司。与通信技术有关的专利通常受到所谓的标准必要专利的保护,也就是说,凡有竞争者想要生产符合相关标准的产品,就必须使用该专利。要使用这些专利,需要取得许可。标准必要专利的所有人通常有义务根据专利所有人对相关标准化组织的承诺,以支付公平、合理和非歧视性的许可费(FRAND 条件)授权相关专利。但是,该 FRAND 条件的条款没有明确的定义。德国汽车制造商协会预计自动驾驶汽车领域也会产生针对所需专利的类似智能手机领域的诉讼。

（5）社会环境建设仍需努力

自动驾驶的道德问题近年来在德国引起广泛关注,目前该问题已成为自动驾驶道德委员会关注的主题。德国自动驾驶道德委员会由 14 位科学家以及道德、法律和技术方面的专家组成,包括交通专家、律师、信息技术专家、工程师、哲学家和神学家。道德委员会考虑到自动驾驶发展产生了减少交通事故的道德义务,于 2017 年 6 月发布了指南,指南的主要原则为:人类优先于动物和财产、每个人享有平等的生存权利、防止恶意黑客入侵、是人还是机器正在控制车辆必须予以明确并记录以便厘定责任、驾驶员必须控制数据处理。

## 5.2.3　日本

二战过后,日本的国民经济和工业得到了美国的援助,特别是在汽车产业。美国的援助促使日本培养出丰田、本田、日产等品牌汽车。但由于日本国内购买力有限,汽车销量一直较低,近几年更是呈现大幅下滑。日本全国轻型汽车协会联合会和日本汽车销售协会联合会官方数据显示,2016 年日本国内新车市场跌破 500 万辆,销量五年内最低,仅有 497 万辆,比 2015 年下降了 1.5%。这其中,轻型汽车销售量为 172 万辆,比 2015 年下降了 9%。为了应对这种危机,日本政府对智能汽车生态的建设进行了全面部署。

（1）详细的产业发展规划

日本政府在 2018 年 3 月 30 日的"未来投资会议"上提出了《自动驾驶相关制度整备大纲》(简称《大纲》)。现阶段日本汽车产业的发展规划思路为:把中国放在更加重要的市场销售位置,以智能驾驶为杠杆提升产业整体竞争能力。整个发展规划路径清晰,政策保障有力:2020 年,自动驾驶技术的应用和引进期;2030 年,加大普及和发展期;2050 年,巩固和成熟期。面向这一发展路线,汽车行业不仅要推动技术开发,还要以产官学合作的方式,推动法律建设、通信与数据提供基础设施、新一代交通环境建设等工作。

发展自动驾驶技术在日本的科技发展战略中占有重要地位。日本内阁提出"世界最先进 IT 国家创造宣言",制定了国家科技发展战略——战略革新创造计划(SIP),汽车自动驾驶技术被选中为对日本社会、经济、产业竞争力有重大影响的重点发展领域之一。政府提供的研发费用 2017 年为 33.2 亿日元,2018 年约为 28 亿日元。根据 2017 年 5 月日本内阁发布的《2017 官民 ITS 构想及路线图》,自动驾驶推进时间表是:2020 年前后在高速公路上实现自动驾驶 3 级,2 级以上卡车编队自动走行,以及特定区域内用于配送服务的自动驾驶 4 级;到 2025 年在高速公路实现相当于自动驾驶 4 级,以及扩大用于配送服务的自动驾驶 4 级的走行区域。同时,在 2020 年的东京奥运会上,推进下一代交通系统(Advanced Rapid Transit)的实用化。另外,根据战略革新创造计划,日本还确立了和自动驾驶技术关联的五个重点课题——动态地图、HMI(人机界面)、信息安全、减少行人事故、下一代都市交通进行研究开发以及实证实验,并围绕四个方面推进自动驾驶技术。一是以大规模实证实验为轴进行研究开发:2017 年投入 22.53 亿日元;二是产业化、商业模式的构筑:2017 年投入 2.44 亿日元;三是地方上的展开,产业、科研单位、政府部门的携手:2017 年投入 3.8 亿日元;四是国际联手推进标准化制定:2017 年投入 1.16 亿日元。

(2)逐步成熟的法律规范

2018 年日本发布自动驾驶普及路线图,并放宽相关法规。日本 IT 综合战略本部制定的自动驾驶普及路线图指出,自动驾驶汽车(有司机)将在 2020 年允许上高速公路行驶。当前,日本政府正在着手修订《道路交通法》和《道路运输车辆法》等相关法规,并展开事故赔偿机制的讨论。日本政府近日提出了 2025 年自动驾驶技术 4 级的目标,其中最引人注目的是界定了自动驾驶 3 级(有驾驶员乘坐状态以及有条件的自动驾驶)发生事故时的责任,原则上由车辆所有者承担,即自动驾驶汽车和普通汽车同等对待,企业的责任仅限于汽车系统存在明确缺陷之际。为了究明事故原因,《大纲》中要求车辆安装行车记录仪。但是,不同于普通汽车的驾驶是由人做决定当然由人负责任,自动驾驶汽车是由人工智能系统做决定,就存在系统被黑客入侵控制而导致事故的可能,这种情况适用政府的救济制度,由政府进行赔偿。在全球自动驾驶技术 3 级或以上逐渐进入商业化量产的大背景下,日本政府出台此政策,明确事故发生时的责任主体,降低了企业承担过大责任的担忧,为企业加强技术研发投入扫清了障碍,商业化的趋势或将加速,同时也为实现 2025 年自动驾驶技术 4 级的目标提供了政策支持。

(3) 政府强力支撑下的产业平台构建

如今日本的以国家牵头、各方配合的整合型发展思路,也成为许多政府、组织机构借鉴的一部分。2013 年,日本启动名为 SIP(战略性创新创造方案)的项目,它是由日本内阁政府推进的日本复兴计划,将聚焦于联合产业界、学术界以及政府机构,促进技术的研发应用。其中,自动驾驶,即 SIP-adus 是它的核心之一。SIP-adus,又被称为 Innovation of Automated Driving for Universal Services,是自 2014 年起,日本以政府牵头推进的自动驾驶技术的研发和应用项目。SIP-adus 实际上凝聚了日本政府带领以丰田为首的国内 ITS(智能交通系统)产业集群走向世界的决心,在智能交通和自动驾驶领域,日本有志于拓展市场,并将产业链布局到全球。而该项目的带头推动企业之一,就是日本丰田公司。网络安全,是发展自动驾驶的一个关键,也是 SIP-adus 关注的核心。SIP-adus 致力于建设 ART 信息中心,联合交通应用服务提供商、相关交通机构部门、道路维修维护公司、铁路等轨道交通公司,以及公共交通服务公司。ART 信息中心将把各种交通信息向所有关联企业和机构开放,提供一个开放信息平台。其中涉及的应用包括,交通拥堵预测、动态车辆互联指导,以及远程交通事故诊断等。同时,日本政府主导的自动驾驶技术项目在 SIP 项目中也已经进入大规模实证实验阶段,SIP 自动驾驶系统从 2017 年 3 月开始动态地图的实验,在冲绳进行了自动驾驶公交车的路测。此外,在一些区域开展完全无人驾驶的遥控操作实测,以及在新东名高速公路验证了后车有人驾驶的卡车编队走行技术。自动驾驶的最后一公里服务也开始了实证实验。SIP-adus 自动驾驶的场地操作测试主要课题包括动态地图、公众接受度提升活动、HMI(人机交互)、每个课题的交叉学科、下一代城市交通、信息安全、减少行人事故。

社会5.0(Society 5.0),是日本向未来社会前进的道路标示,也是日本政府寄予厚望的项目。Society 5.0是2016年1月内阁会议在决定五年科学技术政策基本指针"第5期科技技术基本规划"中所使用的新词汇。主要意图是最大限度应用信息通信(ICT)技术,通过网络空间和物理空间的融合,实现"超智慧社会"。社会5.0平台的构建:SIP自动驾驶系统将为社会5.0平台的构建贡献力量,并通过扩展动态地图数据的不同应用来实现这一目标。其中包括,自动驾驶、个人导航、自然灾害管理、社会基础架构维护等。超智慧社会,简言之就是精准服务,它通过整合各社会子系统,对人类/地理/交通灯大数据进行横向应用,从而实现一个活力和舒适的社会,每个人都能接受到高质量的服务。而SIP-adus也将在这个国之战略下体现应有的价值。

(4) 积极的国际合作

在国际合作方面,日本参加了国际汽车安全环境标准制定组织WP29。其中,在"自动驾驶分会"和英国联合担任议长,2017年3月通过了《网络安全指针》,2018年6月通过《指针补充事项要件》。在"自动操舵专家会议"和德国共同担任议长,2017年3月通过《自动走行同一车道时自动方向盘的操作标准》,并于当年10月引入日本国内,2018年3月通过《自动车道变更时自动方向盘的操作标准》。在"自动刹车专家会议"和欧盟共同担任议长,2017年11月开始讨论汽车自动刹车的国际标准。

## 5.2.4 韩国

2008年,金融危机对韩国经济产生了重大影响。韩国政府对此颁布一系列的应对措施:首先对一些亏损的企业进行兼并,大宇收购三星和双龙,现代兼并起亚,使韩国汽车生产的集中度进一步提高。其次,大汽车企业开始放弃非战略性资产,剥离非核心业务,提升自身的竞争力。最后,通过价格调整和延长保修期,以提升本国汽车的国际竞争力。此外,韩国政府加大了宏观监管力度,解决了债务问题,另外韩国货币大幅贬值,增加出口和减少进口,使得金融危机对经济的影响大打折扣,而汽车出口的增长也显著增加。韩国已成为世界第六大汽车生产国和第五大汽车出口国,但当前韩国在汽车工业发展方面遇到很多困难:工人工资不断上涨,产品出口竞争力下降。自动驾驶汽车已经成为兵家必争之地,谁都不想在这个跑道上落后于对手,韩国更不想在这个决定未来的战役中输阵。

（1）倾力打造产业平台

韩国花重金打造一座名为 K-City 的测试城市,占地大概为 35.6 公顷,用于自动驾驶汽车测试,规模达到世界最大,是美国 M-city 的 3 倍左右。根据 Business Korea 的消息,此自动驾驶汽车测试城市将由韩国企业如 SK Telecom、Naver、三星等来使用,而智能手机巨头三星最近才获得批准在该国公路上测试自动驾驶汽车。K-City 中,城市有的设施基本都有,预计将配有巴士专用车道、高速公路、自动停车场,还包括幼儿园、学校等,场景设计丰富,目前投入了约 110 亿韩元（约 970 万美元）的预算。有了 K-City,自动驾驶厂商就无需进行复杂的审批程序直接进入这个模拟的真实城市中开始路测,加速技术的研发和进展。韩国政府表示,计划 2020 年让 Level 3 级别自动驾驶车辆上路。

（2）积极制定自动驾驶车辆法规

当今汽车行业飞速发展,而韩国政府对法规的系统性更新及管理过于迟缓,遭到韩国民众的诟病。为此,韩国政府在 2018 年 11 月 8 日的会议中公布了韩国自动驾驶蓝图,称将主动应对自动驾驶车辆法规的相关事宜,积极评估自动驾驶车辆的相关法规及准备就绪的安全系统,以便在不远的将来推动自动驾驶车辆的上路行驶。自动驾驶车辆的指南引入了 30 个法规领域,涉及四大领域:驾驶问题、车辆与设备、运营、基础设施,从而提供新的升级版规划。自动驾驶车辆的指南中,韩国政府进行了大量的规划:建立有关自动驾驶车辆的新系统管理责权认定,旨在提升道路安全性;将自动驾驶功能定义应用到该国的汽车管理法规、保险法规及分阶段标准中,由于自动驾驶技术也是分级的,其对应的监管法规也需要随之不断修正调整;制定相关法规,明确车辆操控权转移的责权认定及法规要求,需要警示系统及模式转换显示屏系统,实现从系统到风向盘等整套驾驶控制权的安全移交；确立新的制造汽车及部件标准，计划于 2020 年、2022 年先后引入适合的车辆维护及检验系统；参考海外的用例，重新确立责任问题，并计划在 2020 年引入相关的汽车保险系统。

（3）核心企业大力合作

韩国科技巨头三星已被选中帮助建立支持 K-City 自动驾驶测试的基础设施建设。建设伊始，三星投入 220 亿美元进行一系列变革技术，包括 5G 和 AI。三星电子与韩国运输安全局（KOTSA）签署谅解备忘录（MoU），以合作开发下一代电信技术，实现覆盖全韩国的自动驾驶技术创新。通过合作，双方将在 K-City 建立 4G LTE、5G 和 V2X 电信网络及相关 IT 基础设施，之后将作为多功能开放式实验室面向各行业的专业人士和企业。通过在一个地方建立各种电信网络，包括 5G、4G 和 V2X，K-City 将为整个行业的人和企业提供自动驾驶的真实体验。

## 5.2.5　中国

Analysys 易观研究发现，截至 2015 年，中国智能驾驶乘用车渗透率已经达到了 15％，但其中有大量的智能驾驶乘用车处于等级 1～等级 2 水平。在国家智能驾驶相关政策法规逐渐成形、行业内技术不断完善、中国智能驾驶企业积极推动应用落地的情况下，中国智能驾驶市场规模将保持持续扩大趋势。在"2023 世界智能网联汽车大会"新闻发布会上，工信部有关负责人表示，2022 年我国搭载辅助自动驾驶系统的智能网联乘用车新车销量约 700 万辆，市场渗透率为 34.9％。2023 年上半年市场渗透率进一步提升，达到 42.4％。在关键技术上，新一代电子电气架构、车用操作系统、大算力计算芯片等实现了装车应用，跨域融合与控制器技术实现突破，高性能激光雷达感知范围达到了 250 米。L2 级自动驾驶车技术已实现广泛应用，多家车企也已做好量产 L3 级车辆的准备。预计 2024 年中国智能驾驶市场市场渗透率将达到 50％左右。

（1）政府推动

2018 年 1 月 5 日国家发展和改革委员会产业协调司发布《智能汽车创新

发展战略(征求意见稿)》(以下简称《战略》),对中国标准智能汽车行业发展的重点时间节点进行了部署。《战略》中指出:到2020年,中国标准智能汽车的技术创新、产业生态、路网设施、法规标准、产品监管和信息安全体系框架基本形成。智能汽车新车占比达到50%,中高级别智能汽车实现市场化应用,重点区域示范运行取得成效。智能道路交通系统建设取得积极进展,大城市、高速公路的车用无线通信网络(LTE-V2X)覆盖率达到90%,北斗高精度时空服务实现全覆盖。到2025年,中国标准智能汽车的技术创新、产业生态、路网设施、法规标准、产品监管和信息安全体系全面形成。新车基本实现智能化,高级别智能汽车实现规模化应用。"人—车—路—云"实现高度协同,新一代车用无线通信网络(5G-V2X)基本满足智能汽车发展需要。到2035年,中国标准智能汽车享誉全球,率先建成智能汽车强国,全民共享"安全、高效、绿色、文明"的智能汽车社会。

《战略》要求创新产业形态和商业模式,积极培育道路智能设施、高精度时空服务和车用基础地图、车用通信、信息安全、数据服务、智能出行等智能汽车新业态。加强智能汽车复杂应用场景的大数据应用,重点在数据增值、出行服务、金融保险等领域,培育新商业模式。优先在封闭区域、公共交通、短程接驳等领域,针对特定市场需求,积极探索采用智能汽车共享出行等新模式。《战略》提出:优化发展环境,加强知识产权保护,健全技术创新专利保护与标准化互动支撑机制,促进创新成果知识产权化。强化质量、安全、环保、反垄断等监管执法力度,规范智能汽车市场秩序。健全智能汽车领域信用规范,引导企业履行社会责任,营造诚实守信市场环境。发挥行业协会、研究机构、公共服务平台等支撑作用,为企业提供咨询和专业化服务。加强智能汽车科普与宣传,鼓励企业开展试乘试驾体验活动,支持各类新闻媒体加大对智能汽车高效、节能、安全、环保等特点的舆论宣传,提高社会认知度。

(2)创新主体联盟

由中国汽车工程学会、中国汽车工业协会联合整车企业、科研院所以及移动运营、软硬件企业等多家单位共同发起的中国智能网联汽车产业创新联盟2017年6月12日正式成立。作为首个推进智能汽车的国家级平台,联盟将整合汽车、通信、电子、交通等相关行业资源,推进智能网联汽车生态系统发展,并参与相关政策法规研究与制定,以及组织完成智能网联汽车技术路线图的编制。

国汽智联五大共性交叉以及产业化支撑平台也在积极构建,主要包含五个部分。第一个是智能网联计算基础平台,智能网联车载终端基础平台,智能网联汽车云控基础平台,高精度动态地图基础平台,信息安全基础平台。基于新型智能化体系架构,推广计算平台的架构标准。第二个部分,车载终端平台,提出具备多模式通信,多模式定位,智能网关具备这些功能新型车载终端平台方案。第三个部分,云控平台完善智能网联汽车云控平台整体架构设计与行业内的相关单位,统一行业标准,以及数据与接口定义,建立高速数据传输技术规范,实现面向自动驾驶过程的动态数据支持与应用服务管理平台。第四个部分,高精度动态地图基础平台,整合行业内的资源,制定高精地图的数据标准,研发高精地图采集与加工的基础关键共性技术,开展全国范围内的高精地图大规模快速的采集。第五个部分,信息安全平台,应用端管云的信息防控技术,自主可控车辆密码技术,以及安全漏洞检测技术,构建智能网联汽车整个的纵深防御体系。

(3)技术标准制定

2017年6月,工信部官网发布《关于征求〈国家车联网产业体系建设指南(智能网联汽车)(2017年)〉(征求意见稿)意见的通知》。全国汽车标准化技术委员会(SAC/TC114)负责我国汽车整车及零部件标准化技术归口和标准制修订组织、管理工作,其下属分委会先后制定出台了《轻型汽车电子稳定性控制系统性能要求及试验方法》《道路车辆3.5吨以上的商用车报警系统》《汽车泊车测距警示装置》《汽车用自适应前照明系统》等智能网联汽车领域的一系列国家标准,并成立先进驾驶辅助系统(ADAS)标准工作组,以ADAS为重点推进智能网联汽车标准体系建设。全国智能运输系统标准化技术委员会(SAC/TC268)作为归口管理智能运输系统领域标准的标委会,也组织制定了《智能运输系统车道偏离报警系统性能要求与检测方法》《智能运输系统自适应巡航控制系统性能要求与检测方法》等标准。此外,全国信息技术标准化技术委员会(SAC/TC28)、全国通信标准化技术委员会(SAC/TC485)、全国信息安全标准化技术委员会(SAC/TC260)等也从各自专业的角度制定了部分和智能网联汽车相关的、不同层级的标准。为科学规划、统筹安排、协同实施、有序推进智能网联汽车标准体系建设,全国汽车标准化技术委员会(SAC/TC114)已正式提出筹建"智能网联汽车分技术委员会",统一归口管理和协调我国智能网联汽车领域的国家标准和行业标准;目前已完成公示。

（4）法律法规完善

2018年4月12日,工信部、公安部、交通部联合发布《智能网联汽车道路测试管理规范(试行)》(以下简称《管理规范》),对测试主体、测试车辆、测试申请及审核、测试管理、交通违法和事故处理等进行了明确规定。《管理规范》适用于在中国境内公共道路上进行的智能网联汽车自动驾驶测试,包括有条件自动驾驶、高度自动驾驶和完全自动驾驶,涵盖总则,测试主体、测试驾驶人及测试车辆,测试申请及审核,测试管理,交通违法和事故处理,附则共6章、29项条款、2个附件。《管理规范》主要内容如下。

一是测试主体、测试驾驶人和测试车辆的基本要求。对测试主体提出单位性质、业务范畴、事故赔偿能力、测试评价能力、远程监控能力、事件记录分析能力及符合法律法规等7个条件;对测试驾驶人提出签订劳动合同或劳务合同、经过自动驾驶培训、无重大交通违章记录等要求;对测试车辆提出注册登记、强制性项目检验、人机控制模式转换、数据记录与实时回传、特定区域测试以及第三方机构检测验证等6个基本要求。

二是测试申请及审核程序。规定由省、市级政府相关主管部门选择测试路段并公布,提出申请测试所需的基本材料。明确测试通知书发放和变更要求及所包含信息,临时行驶车号牌申领、发放程序及跨省、市申请测试的相应要求。

三是测试管理的基本要求。分别提出测试主体、测试车辆和测试驾驶人在开展测试过程中携带通知书、醒目标示、操作接管、车辆转场和上报测试总结等要求。明确省、市级政府相关主管部门撤销测试通知书、收回临时行驶车号牌适用的情形。

四是交通违法和事故处理。明确交通违法处理和事故责任认定的依据，相应的处理和处罚部门。规定在发生事故后当事人义务及测试主体和省、市级主管部门的情况报送要求。

## 5.2.6  对后续发展启示

（1）国家战略引导

美日德等主要汽车生产国家都高度重视智能网联汽车发展。美国重点通过制定国家战略和法规，引导产业发展，《美国自动驾驶汽车政策指南》引起了行业广泛关注。日本政府积极发挥跨部门协同作用，推动项目实施。德国则主要支持技术创新和成果转化，保持领先优势。与传统汽车发达国家相比，我国智能汽车产业具备了较好的技术基础和市场、制度等优势。目前我国支撑汽车智能化、网联化发展的信息技术产业实力不断增强，移动互联网、大数据、云计算、通信设备等领域形成了一批国际领军企业，阿里、腾讯、百度、京东等4家企业进入全球互联网企业市值前10名，华为等通信设备制造商跻身世界第一阵营。同时，中国是全球第一大汽车市场，随着新型工业化和城镇化推进，我国汽车市场将保持平稳增长，加之差异化、多元化的消费需求，新技术应用和新模式不断涌现，为中国品牌智能网联汽车提供了巨大的发展空间。节能汽车我国只能采取跟随的模式，新能源汽车我国可以与国外同行竞争，如果能及时制定智能汽车产业发展的国家战略，智能汽车将会给中国汽车工业自主发展带来前所未有的机遇。

（2）突破关键技术

全球智能汽车已进入实用化竞争阶段，通用汽车计划于2018年启动无人驾驶出租车商用，特斯拉已经通过量产车型积累数十亿公里测试数据，一汽、长安计划2025年量产高度自动驾驶车辆，上汽的互联网汽车已批量进入市场并受到广泛好评。互联网和信息技术公司纷纷涉足汽车领域，并通过跨界合作、投资并购等方式积极开展产业链和供应链布局，谷歌的自动驾驶汽车测试已超过300万英里,百度宣布"阿波罗计划"开放自动驾驶软件平台,英特尔收购了专注自动驾驶技术的公司Mobileye,华为联合车企积极推动LTE-V/5G通信技术的应用。汽车服务在价值链中的比重不断加大,车企纷纷向服务提供商转型,沃尔沃、福特、日产、比亚迪、戴姆勒等多家整车厂与优步开展合作。目前我国智能汽车还不到大规模产业化的时候,而是要挑战高度的时候,要着重在一两个点取得突破。如果有新的关键技术突破,让这个行业走到新的高度,中国要想打开规模生产就会变得简单。

(3)打造创新产业集群

如何发展我国的智能汽车产业?美国是用国家标准导向、企业竞争入市、高科技创新驱动的模式;德国是以代工转型与产品智能升级为指导,在传统汽车基础上渐进性发展;日本采取的是以国家整体战略推进、相关行业协同分工、代工联手的方式。中国应该发挥国家统筹优势,实施国家协同创新战略,打造以智能汽车为龙头的跨行业发展新产业集群。在工信部指导下,中国汽车工程学会、中国汽车工业协会等联合发起成立了"中国智能汽车产业创新联盟"。联盟已编制发布《智能网联汽车技术路线图》,推动上海智能网联汽车示范区建设。未来将汇聚整合汽车、信息、通信、电子、交通等相关行业资源及优势,打造贯穿创新链、产业链、价值链的智能网联汽车发展生态系统。发展智能网联汽车,在基础支撑方面最紧迫的是要解决三件事:第一是要尽快制定智能汽车和网联汽车的设计指南,解决设计问题;第二是要解决国家地图架构与通信标准体系问题,这是核心关键;第三是要加速产品认证标准建设与试验场地建设。

欧美日等国家和地区相继出台政策法规支持智能汽车发展及实用化。智能汽车属于新兴领域,相关政府管理部门需要与企业同步探索,因此欧美日等国家和地区的法规政策将根据智能汽车发展的实际情况出台措施和相应调整。目前,测试和示范运行也是全球智能汽车产业化和市场化基础。欧美日等国家和地区十分重视智能汽车示范运行,并斥资建设示范区,在示范区内模拟多种车辆运行场景,促进智能汽车产业化和市场化。美国无人驾驶示范区分为底特律和硅谷两大阵营、四个示范区,共同争夺约40亿美元的美国无人驾驶财政补助。

因此中国仍需要根据智能汽车发展的进度完善相关标准,提前开展法规制定与修订的研究工作,推进智能汽车发展,协调各标准化组织完善相关标准体系,为智能汽车的产业化提供支撑。同时,突出测试示范的作用,在符合条件的城市及区域增加、扩大智能汽车示范推广的数量和范围,完善示范区的软硬件设施和测试能力。在示范区内酌情放宽采集道路和路边建筑物高精度信息的限制,提高智能汽车上路测试的效率。

(4)多方合作应对竞争

在智能汽车快速发展的过程中,基础设施、法律法规、技术等三大瓶颈还有待突破。一是道路基础设施建设与智能汽车缺乏协同发展,目前国内领先汽车企业已有智能汽车发展规划,有的已开始实施,但缺少道路基础设施建设和统筹规划,导致智能驾驶难以实现。二是由于对智能汽车价值认知不同,合作缺乏顶层设计,整车企业与互联网企业间合作模式不清晰。三是中国道路环境复杂度高,道路适应性验证难度大,传统的验证体系难以适应智能汽车需求。四是智能汽车关键共性核心技术缺失,关键零部件长期被国外企业垄断,成为智能汽车发展的一大瓶颈。

从技术本身来讲,没有什么决定性的东西阻碍智能汽车的发展,最主要障碍是两个:法律法规问题和基础设施问题。对于智能汽车发展面临的这两个难题,一是要加强政产学研用协同创新,构建智能交通技术创新体系。政府有关部门要完善政策法规环节,加快制定智能汽车标准法规体系,研究制定智能汽车国家战略规划,确立正确的技术发展路线,组织跨行业、跨部门的政产学研用合作,攻克智能汽车关键共性核心技术,统筹规划道路、通信基础设施建设;二是要加快推广车联网、车路协同、智能汽车融合技术的应用,建立统一的车车、车路通信协议,加强海量异质的车辆数据的采集、传输、存储与发布的技术研发,特别是要在车辆动态组网、状态实时获取、环境智能感知、车路信息交互等前沿技术领域取得突破,创造智能交通建设运营新模式。

# 5.3 指标选取方法与原则

## 5.3.1 指标选取方法

健康指标体系的建立应该充分体现出智能汽车产业创新生态健康的现状和主要特点,通过指标的具体状态和相互关系,归纳出影响智能汽车产业创新生态系统健康的主要问题及原因,如图 5-1 所示。

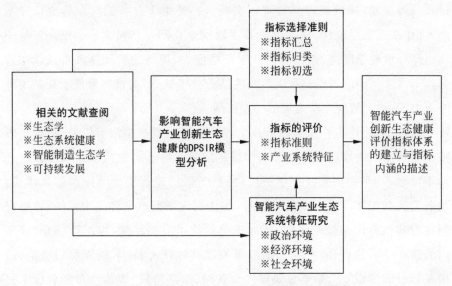

图 5-1 智能汽车产业创新生态系统健康指标筛选

健康评价指标的筛选及指标体系的建立要达到两个目的:一是评估指标体系能全面充分地反映智能汽车产业创新生态系统的健康状况,二是通过指标体系的建立和生态系统健康度的评估过程,能够比较直观地识别出影响智能汽车产业创新生态系统健康状况的主要因素,为制定智能汽车产业创新生态健康的措施提供依据。智能汽车产业是一个社会、经济、政治复合生态系统,为了客观、全面、科学地衡量智能汽车产业创新生态系统健康现状,在研究和确定智能汽车产业创新生态系统健康度评估指标体系时,需要考虑智能汽车产业创新生态系统实际情况和数据可获得性,以及智能汽车产业自身的特点、创新活动在智能汽车产业创新生态系统中的影响。

## 5.3.2 指标选取原则

(1) 综合性与整体性

生态学中,整体性是生态系统最为重要的特征,主要表现在三个方面:①生态系统内各种因素相互联系和作用,让生态系统成为一个和谐的有机整体;②生态系统的等级性、组织性和有序性表现为结构和功能的整体性;③生态系统发展的动态性,表现为系统的时空有序性和时空结构的整体性。智能汽车产业创新生态系统健康评价指标体系的建立不仅要考虑各创新主体的特有要素,还应当包括能体现智能汽车产业创新生态系统整体特征的指标,且这些指标是能反映所有本质特征的综合信息因子。

(2) 科学性与代表性

评价指标的科学性主要包括两方面的含义:一是必须具备表征智能汽车产业创新生态系统健康的能力,能够反映智能汽车产业创新生态系统某一方面具体的状态;二是评价指标应该能够敏感地反映系统内各因素对智能汽车产业创新生态系统健康的影响,对于不同程度的干扰具有不同的响应,便于比较和分析。评价指标的代表性主要是指,在考虑智能汽车产业创新生态系统特征和主导生态功能的基础上,所构建的指标既能反映智能汽车产业创新生态系统健康状态又能囊括其他相似指标所包含的生态信息。指标体系不可能包括智能汽车产业创新生态系统与生态环境的全部因子,只能从中选择具有代表性的、最能反映智能汽车产业创新生态系统生态健康本质特征的指标。为使智能汽车产业创新生态系统健康评价的结果具有科学性、合理性、有效性,必须选择最能代表智能汽车产业创新生态系统本身固有的自然和社会属性及其发展状况的指标。

(3) 层次性与动态性

智能汽车产业创新生态系统是一个复合、多元的生态系统,其健康度影响要素众多,指标体系应从简单到复杂层层剖析,以便能更清晰条理地体现生态系统整体生境状况。评价指标体系要能反映一定时空范围的智能汽车产业创新生态系统状况,因此,选择时要充分考虑系统动态变化的特点,才能更好地对智能汽车产业创新生态系统的演进过程、现状和未来发展趋势做准确的描述。

(4) 可比性与可控制性

智能汽车产业创新生态系统健康评价是一项长期工作和动态过程,因此设置的评价指标在时间上、空间上都需要具有可比性。同时,智能汽车产业创新生态系统健康评价目的是更好地对智能汽车产业创新生态系统进行健康分析,在此基础上对智能汽车产业创新生态系统健康状况进行有效调控与管理。因此,选择可控制性较强的指标能够保证调控目标和管理决策最大限度地建立在最有效的信息基础之上,有利于提高智能汽车产业创新生态系统健康管理与调控措施的针对性。

(5) 可获得性与可操作性

智能汽车产业创新生态系统健康评价是一项极其复杂而又十分迫切的工作,为了能高质量地完成评价任务,所选指标应该相对比较容易获取。评价指标在概念和计算上应该简单明了,易于理解,指标背后所反映的信息能够被公众和管理人员掌握和理解;指标数据的获取要考虑智能汽车产业创新生态系统内部整体状况,便于统计计算并能够反映智能汽车产业创新生态系统的某些关键性特征和预测生态系统的发展趋势。

# 5.4 评价指标体系确立

## 5.4.1 基于 BSC 的指标体系

综合考虑智能汽车产业创新平台生态系统的特点和多面性,从可持续性发展的角度出发,本研究将平衡计分卡(Balanced Score Card,BSC)理论应用到智能汽车产业创新生态系统评价指标的构建当中,从财务、内部流程、顾客、学习与成长四个维度进行生态系统运行现状的总结。BSC 是一种全面的、系统的绩效管理工具,主要阐述战略实施的关键成功要素与组织发展关键指标选择的关系。该体系的最大优点是把组织战略目标与组织行为联系起来,通过具体指标使它们保持一致,最终实现组织发展的可持续性。

指标的科学设置对于评估智能汽车产业创新平台生态系统现状的准确及客观与否至关重要,本研究在对生态系统发展影响因素进行全面分析的基础上,遵循定性与定量指标相结合的原则,运用 DEMATEL 方法对 BSC 4 个维度及其下属影响因素进行影响度、被影响度、中心度及原因度的分析,并借鉴 ISHIKAWA 教授设计的鱼骨图法,对影响智能汽车产业创新生态系统健康度的各个因素进行筛选,进而选取了包括财务、内部流程、顾客、学习与成长 4 个方面的关键评价指标。然后通过实地调研、专家访谈、研究小组讨论进行指标体系的完善。最后再邀请 7 位智能汽车产业创新实践及研究的专家(背景信息见表 5-2)逐一采用层次分析法对各指标进行评估打分,筛掉得分小于 0.5 的指标,最终确定本研究所需要的指标体系,如表 5-3 所示。

表 5-2　专家背景信息

| 编号 | 所在单位类型 | 单位所在地点 | 职位/职称 |
|------|-------------|-------------|----------|
| 1 | 大学 | 上海 | 教授 |
| 2 | 大学 | 上海 | 教授 |
| 3 | 相关政府部门 | 上海 | 主任 |
| 4 | 交通部公路院 | 北京 | 研究员 |
| 5 | 信通院 | 北京 | 研究员 |
| 6 | 同济大学汽车学院 | 上海 | 研究员 |
| 7 | 智能制造研究院 | 苏州 | 研究员 |

表 5-3　智能汽车产业创新生态系统健康度评价指标体系

| 目　标　层 | 维　度 | 指　标 |
|-----------|--------|--------|
| 智能汽车产业创新生态系统健康度评价 | 财务维度 $S_1$ | 系统总收入 $C_1$ |
| | | 贷款的获得能力 $C_2$ |
| | | 企业平均 R&D 投入占销售收入比 $C_3$ |
| | 内部流程维度 $S_2$ | 授权发明专利数 $C_4$ |
| | | 产业生态系统内的协同机制 $C_5$ |
| | | 基础设施完善程度 $C_6$ |
| | 顾客维度 $S_3$ | 主导产品的市场占有率 $C_7$ |
| | | 新产品产值率 $C_8$ |
| | | 技术市场成交合同金额 $C_9$ |
| | 学习与成长维度 $S_4$ | 研发和技术服务机构数 $C_{10}$ |
| | | 创新生态系统发展的政策体系 $C_{11}$ |
| | | 创新创业文化 $C_{12}$ |

　　财务维度。智能汽车产业创新生态系统的财务维度主要涉及财务的投入、产出及运行中资金的保持,本研究用系统总收入、贷款的获得能力、企业平均 R&D 投入占销售收入比来进行评估。系统总收入指上一年度系统内各类企业、组织的营业收入总和,现阶段,收入越高表明系统整体运营效率越高;贷款的获得能力是衡量系统能够得到可持续发展的一个关键指标,由于智能汽车发展在各地均处于初级阶段,研发、基础设施等各方面都需要大量资金的投入;企业平均 R&D 投入占销售收入比指上一年度系统内各类组织

平均研发投入占销售总收入的比例,该比例越低说明系统更能获得较好的投资收益。

内部流程维度。创新生态系统中有效的流程设置在某种程度上就是创新生态系统目标和制度之间达到了合理平衡,本研究使用授权发明专利数、产业生态系统内的协同机制、基础设施完善程度来进行评估。授权发明专利数指上一年度创新主体获得的国内和国际发明专利授权数,包括软件著作权登记数。产业生态系统内的协同机制指在政府的引导或组织下,系统内各主体间的工作协调机制。基础设施完善程度指系统内部的信息共享体系和创新平台等设施。

顾客维度。顾客维度是智能汽车产业创新生态系统建立目的所在,本研究使用主导产品的市场占有率、新产品产值率和技术市场成交合同金额作为该维度的核心指标。主导产品的市场占有率指上一年度生态系统内主导产品占有国内市场的比例。新产品产值率指上一年度生态系统内企业生产的新产品的产值占企业产品总产值的比率。技术市场成交合同金额指上一年度生态系统内创新技术所带来的合同总金额。这些指标可以很客观地反映顾客对生态系统产出的接受程度。

学习与成长维度。智能汽车产业创新生态系统发展较晚,处于不断进步之中,其学习成长是获得优势的关键,也是完善系统运营、提升整体效率的根本。本研究使用研发和技术服务机构数、创新生态系统发展的政策体系和创新创业文化作为该维度的评估指标。研发和技术服务机构数指生态系统内建立或引进的研发和技术服务机构的数量,包括科技成果转化、技术交易、专业技术咨询、生产力促进等机构,以及各类工程技术研究中心、重点实验室等;新生态系统发展的政策体系指围绕生态系统内主导产业的发展,制定的支持系统发展的一系列政策和措施;创新创业文化指所建立的与主导产业发展相关联的人才培训、信息交流、科技文化活动等常态机制。研发和技术服务机构数越多、创新生态系统发展的政策体系越完善、创新创业文化越丰富,则生态系统的学习与成长速度就会越快。

## 5.4.2 指标体系合理性

基于 BSC 的智能汽车产业创新生态系统健康度评价指标体系合理性表现在以下两个方面。

第一,BSC 理论强调多维度协同演化对内控战略目标实现的重要性,基于 BSC 提出的四个维度指标一方面可以将智能汽车产业创新生态系统发展战略目标转化为阶段性的、具体的、可执行的维度目标,使内控各维度目标明确清晰;另一方面,这些指标又兼顾了智能汽车产业创新生态系统运行中的重点环节,使各维度核心控制环节一目了然。因此,基于 BSC 的健康度评估指标体系不仅能够反映智能汽车产业创新生态系统的健全性和有效性,还能反映生态系统发展是否存在过度或不足的问题。

第二,BSC 的平衡作用来源于计分卡上各个维度的相互支持、相互依赖,它们不是毫无逻辑关系,而是一个因果关系的链条,驱动关系是卡普兰认为的因果链条的核心。通过各维度指标对一段时间的平衡记分卡各维度实践情况进行检查,根据检查和分析结果对各指标所涉及的关键问题进行处理和完善,从而形成有效的动态闭环控制。

第六章
健康度评价

基于上文对运行机制及健康度指标的讨论,本章首先提出优化的层次分析法评价模型,该模型不仅考虑了复杂大群体决策的不确定性,更是充分保留了判断矩阵的原有信息。然后,以上海智能汽车产业创新生态系统为例,运用平衡计分卡指标体系及改进的层次分析法模型对其健康度进行评价、分析。最后,对于评价结果,按照确定的参考标准,采用最大隶属度原则确定生态系统所处健康状态。

# 6.1 评价模型构建

## 6.1.1 基本模型描述

评估方法往往在评价原理、关注重点、适用性等方面存在一些差异,因此选择需要根据不同的评估主体、客体、原则等进行,常见的有:因子分析法、数据包络法(DEA)、模糊网络分析法(FANP)、灰色关联度评价法(GRA)、经济附加值法（EVA）、人工神经网络法（ANN）、TOPSIS 法等。根据社会组织的特异性，本文选择 FANP。FANP 是网络分析法（analytic network process，ANP）和模糊评价方法（fuzzy comprehensive evaluation，FCE）的有效结合，通过隶属函数作为桥梁，将模糊性加以量化，可以更好地解决由于智能汽车产业创新生态系统发展进程中的不确定性带来的决策过程中各种信息的不完全、不精确和模糊性等现象。

（1）基本结构

ANP 是 1996 年 Satty 教授在层次分析法（AHP）基础上提出的一种适应非独立递阶层次结构的决策方法，和 AHP 假定指标体系是一个内部独立递阶层次结构，不同的是该方法允许可以量化或难以量化的多个指标并存，并考虑了不同层次的元素组及元素组内元素间具有的关联或反馈关系。ANP 突破了 AHP 的局限性，更接近于现实，被广泛地运用在工程计划、资源分配、方案排序、政策制定、冲突问题、性能评价等复杂系统的分析和评估领域。

ANP 将系统因素分为两大部分：控制层和网络层。控制层包括决策对象的战略目标和决策准则，所有的决策准则是彼此独立的，下一个准则只受上一个准则支配，权重可用 AHP 法计算，所有准则均受目标支配。控制层中可以没有决策准则，但目标必不可少，且目标可以为多个。网络层是由所有受控制层支配的元素组成的，元素之间相互依存和支配，元素和层次之间不独立。控制层和网络层共同构成典型 ANP 层次结构，具体如图 6-1 所示。

步骤 1：超矩阵 $W$ 的建立

设：控制层元素为 $p_1, p_2, \cdots, p_m$；网络层 $c_1, c_2, \cdots, c_N$，其中 $c_i$ 中有元素 $e_{i1}, e_{i2}, \cdots, e_{in}, i = 1, 2, \cdots, N$。以 $p_s (s = 1, 2, \cdots, m)$ 为准则，以 $e_{jk} (k = 1, 2, \cdots, n)$ 为次准则，将 $c_i$ 中元素按其对 $e_{jk}$ 的影响大小进行比较，构造如表 6-1 所示的判断矩阵。

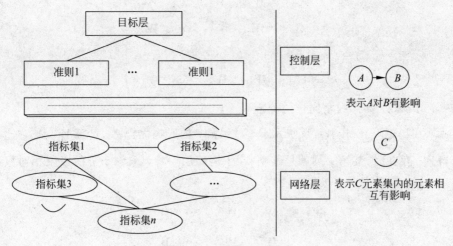

图 6-1　ANP 网络结构图

**表 6-1　判 断 矩 阵**

| $e_{jk}$ | $e_{i1},e_{i2},\cdots,e_{in}$ | 归一化特征向量 |
|---|---|---|
| $e_{i1}$ | | $w_{i1}^{(jk)}$ |
| $e_{i2}$ | | $w_{i2}^{(jk)}$ |
| $\cdots$ | | $\cdots$ |
| $e_{in}$ | | $w_{in}^{(jk)}$ |

通过特征根法求得权重向量 $w_{i1}^{(jk)},w_{i2}^{(jk)},\cdots,w_{in}^{(jk)}$，得到矩阵 $W_{ij}$：

$$W_{ij}=\begin{pmatrix} w_{i1}^{j1} & w_{i1}^{j2} & \cdots & w_{i1}^{jn} \\ w_{i2}^{j1} & w_{i2}^{j2} & \cdots & w_{i2}^{jn} \\ \cdots & \cdots & \cdots & \cdots \\ w_{in}^{j1} & w_{in}^{j2} & \cdots & w_{in}^{jn} \end{pmatrix}$$

其中，矩阵中的列向量即为 $c_i$ 中的元素对 $c_j$ 中元素的影响程度排序向量。若 $c_j$ 中元素不受 $c_i$ 中元素影响，则 $W_{ij}=0$。对于 $i=1,2,\cdots,N$；$j=1,2,\cdots,N$ 重复求解，最终可获得准则 $p_s$ 下的超矩阵 $W$：

$$W = \begin{matrix} C_1 \\ C_2 \\ \cdots \\ C_N \end{matrix} \begin{bmatrix} W_{11} & W_{12} & \cdots & W_{1N} \\ W_{21} & W_{22} & \cdots & W_{2N} \\ \cdots & \cdots & \cdots & \cdots \\ W_{N1} & W_{N2} & \cdots & W_{NN} \end{bmatrix}$$

步骤 2：局部权重向量的确定

在超矩阵 $W$ 中，$W_{ij}$ 反映元素 $i$ 对元素 $j$ 的影响优势度；计算 $W^2, W^3, \cdots$，当 $W^\infty$ 存在时，其第 $j$ 列就是准则 $p_s$ 下网络层中各元素对于 $j$ 的极限相对权重向量。

$$W^\infty = \begin{bmatrix} W_{11}^\infty & W_{12}^\infty & \cdots & W_{1N}^\infty \\ W_{21}^\infty & W_{22}^\infty & \cdots & W_{2N}^\infty \\ \cdots & \cdots & \cdots & \cdots \\ W_{N1}^\infty & W_{N2}^\infty & \cdots & W_{NN}^\infty \end{bmatrix}$$

则局部权重向量 $Q$ 的计算方法为

$$Q = [q_{11}, \cdots, q_{1n}; q_{21}, \cdots, q_{2n}; \cdots; q_{N1}, \cdots, q_{Nn}]^{\mathrm{T}}$$

（2）模糊网络分析法

随着应用的深入，多数决策者发现，如果在 ANP 分析决策过程中加入模糊数，用隶属函数作为桥梁，将模糊性加以量化，可以更好地解决由于客观世界中的不确定性带来的决策过程中各种信息的不完全、不精确和模糊性等现象。因此学者们对 ANP 模型进行了扩展，提出了模糊网络分析法（FANP），并提出了一系列基于基本原理的模型求解方法，如 FPP。

FANP 是 ANP 在不确定性和含糊性问题中的延伸，是一种能处理不确定性、含糊性、复杂问题的定量化方法。在使用过程中，常常与三角模糊数结合。三角模糊数常记为 $M(l, m, u)$，其中 $l \leqslant m \leqslant u$，参数 $l$ 和 $u$ 分别为 $M$ 所支撑的下界和上界，$m$ 为 $M$ 的中值。其隶属度函数可表示为

$$u_M(x) = \begin{cases} (x-l)/(m-l), & l \leqslant x \leqslant m \\ (u-x)/(u-m), & m \leqslant x \leqslant u \\ 0, & \text{其他} \end{cases}$$

式中：$x$ 为模糊变量在邻域中的可能值变量。

三角模糊数使用过程中，其含糊性问题的模糊语义变量与对应的三角模糊数关系如表 6-2 所示。

表 6-2　基于三角模糊数的语言变量

| 语言变量 | 三角模糊数 | 三角模糊倒数 |
|---|---|---|
| 同等重要(Equally important，EI) | (1,1,1) | (1,1,1) |
| 中值(Intermediate，IM1) | (1,2,3) | (1/3,1/2,1) |
| 较重要(Moderately important，MI) | (2,3,4) | (1/4,1/3,1/2) |
| 中值(Intermediate，IM2) | (3,4,5) | (1/5,1/4,1/3) |
| 重要(Important，I) | (4,5,6) | (1/6,1/5,1/4) |
| 中值(Intermediate，IM3) | (5,6,7) | (1/7,1/6,1/5) |
| 很重要(Very important，VI) | (6,7,8) | (1/8,1/7,1/6) |
| 中值(Intermediate，IM4) | (7,8,9) | (1/9,1/8,1/7) |
| 绝对重要(Absolutely important，AI) | (9,9,9) | (1/9,1/9,1/9) |

## 6.1.2　评价模型构建

BSC 综合考虑了智能汽车产业创新生态系统的关键影响因素和指标，却没有解释如何对评估指标的重要性进行评定。Reisinger 指出：如果没有给出关于指标权重的信息，多数管理者就会认为，既然指标相互关联，则其重要性程度也应该是相同的。但在实践过程中，由于智能汽车产业创新生态系统发展重点的不同，指标权重是不完全一致的。FANP 作为一个有效评估指标权重的工具，可以很好地解决 BSC 体系在这方面的缺陷。

将 FANP 与 BSC 联合使用，首先要建立基于 BSC-ANP 的智能汽车产业创新生态系统健康度评估指标体系网络结构，如图 6-2 所示，通过网络结构识别各维度和指标之间的相互影响和反馈关系；其次，建立模糊语言变量与对应模糊数关系的详细量表(见表 6-2)；最后，运用德尔菲法请专家对维度/指标进行两两成对比较，依据量表将专家意见转化成相应的三角模糊数，建立维度/指标两两成对比较判断矩阵,根据智能汽车产业创新生态系统健康度评估目的,进行指标或维度的权重计算,我们参考 Mikhailov(2003)中的 FPP 算法。

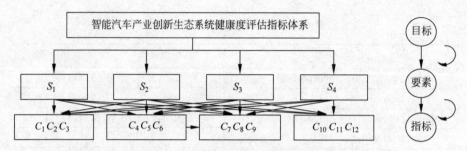

**图 6-2　智能汽车产业创新生态系统健康度评估指标网络体系**

假设 $A=(l_{ij},u_{ij})$ 表示第 $n$ 个指标的区间判断矩阵,$l_{ij}$ 表示专家判断意见的下界,$u_{ij}$ 表示专家判断意见的上界。FPP 方法可据此区间判断矩阵计算出权向量 $w=(w_1,w_2,\cdots,w_n)^{\mathrm{T}}$,对于一致性判断矩阵而言,权向量满足:

$$l_{ij} \leqslant \frac{w_i}{w_j} \leqslant u_{ij}, \quad i=1,2,\cdots,n-1; j=2,3,\cdots,j>i \tag{6.1}$$

在判断矩阵不一致的情况下,则有下式成立:

$$l_{ij} \lesssim \frac{w_i}{w_j} \lesssim u_{ij} \tag{6.2}$$

其中,符号"$\lesssim$"代表"模糊小于或等于"。

对于用三角模糊数表示的专家或决策者的判断意见,权向量可通过基于不同比率 $\dfrac{w_i}{w_j}$ 定义出的线性隶属函数计算得出

$$u_{ij}\left(\frac{w_i}{w_j}\right)=\begin{cases} \dfrac{(w_i/w_j)-l_{ij}}{m_{ij}-l_{ij}}, & \dfrac{w_i}{w_j} \leqslant m_{ij} \\ \dfrac{u_{ij}-(w_i/w_j)}{u_{ij}-m_{ij}}, & \dfrac{w_i}{w_j} \leqslant m_{ij} \end{cases} \tag{6.3}$$

式(6.3)中,隶属函数在区间$(-\infty,m_{\underline{y}})$上线性递增,在区间$(m_{\underline{y}},\infty)$线性递

减；当 $w_i/w_j < l_{ij}$ 或 $w_i/w_j > u_{ij}$ 时，隶属函数为负值；当 $w_i/w_j = m_{ij}$ 时，隶属函数取最大值 $\mu_{ij} = 1$，表示判断完全满足要求。

用 FPP 方法来求解权向量是基于以下两个假设。

假设 1：对于 $n$ 维优先向量集合 $Q^n = \left\{ (w_1 \cdots w_n) \mid w_i > 0, \sum_{i=1}^{n} w_i = 1 \right\}$，存在隶属函数

$$\mu_p(w) = \min_{ij} \{ u_{ij}(w) \mid i = 1, 2, \cdots, n-1; j = 2, 3, \cdots, j > i \} \quad (6.4)$$

$\mu_p(w)$ 对于所有的规范优先向量 $w \in Q^n$ 都可以取负值，数值越小，说明不一致性程度越大。

假设 2：确定权向量的选择规则为式(6.4)的最大隶属度。可以证明模糊约束及模糊可行域均为凸集，因此，总存在如下等式：

$$\lambda^* = \mu_p(w) = \max_{w \in Q^n} \min_{ij} \{ \mu_{\underline{y}}(w) \} \quad (6.5)$$

根据式(6.4)建立多目标决策分配模型，然后依据式(6.5)将寻求最大解问题转化为求解最优化 $u_{ij}\left(\dfrac{w_i}{w_j}\right) \geqslant \lambda$ 问题，整理后，对式(6.5)进行求解：

$\max\lambda$

$$\begin{cases} (m_{ij} - l_{ij})\lambda w_j - w_i + l_{ij} w_j \leqslant 0 \\ (u_{ij} - m_{ij})\lambda w_j + w_i - u_{ij} w_j \leqslant 0 \\ \sum_{k=1}^{n} w_k = 1, w_k > 0, \quad k = 1, 2, \cdots, n; i = 1, 2, \cdots, n-1; j = 2, 3, \cdots, n; j > i \end{cases}$$

$$(6.6)$$

利用 Matlab 软件求出式(6.6)的最优解为 $(w^*, \lambda^*)$，$w^*$ 表示模糊可行域中使隶属度最大的权向量，$\lambda^*$ 衡量的是满足程度，为一致性指标，也是决策者决断不相容的自然指标，其越大，表示决策者的一致性越高。当 $\lambda^* > 0$ 时，即 $l_{ij} \leqslant \dfrac{w_i^*}{w_j^*} \leqslant u_{ij}$，说明结果与原始模糊集是一致的，判断矩阵具有较好的一致性；当 $\lambda^* < 0$ 时，$\dfrac{w_i^*}{w_j^*}$ 近似满足 $l_{ij} \leqslant \dfrac{w_i^*}{w_j^*} \leqslant u_{ij}$，说明结果与原始模糊集相左，

判断矩阵的一致性较差。

利用 BSC-FANP 多准则分析模型评估智能汽车产业创新生态系统健康现状,实际上就是利用 FANP 善于处理不确定性和含糊复杂问题的特点,将建立的基于 BSC 的影响智能汽车产业创新生态系统健康的一系列准则和指标所组成的复杂系统定量化、简单化。且本方法适用于没有历史数据可以学习的情况,也不需要专家直接提供准则或者准则集合的模糊测度,降低了专家评价难度,因而具有很强的实用性。

# 6.2　实证评价

本书以上海市智能汽车产业创新生态系统为例,运用 BSC-FANP 模型评价其健康度。专家的选择如"表 5-1 专家背景信息"所示。首先确定参考标准;然后,专家运用德尔菲法确定评价指标/维度的相对重要性,依据模糊语言变量建立模糊判断矩阵,根据式(6.1)～式(6.6)计算指标/维度的权重;最后,专家根据实际情况对要素进行打分,再根据指标权重进行综合评价,对于评价结果,我们采用最大隶属度原则确定其所属评价等级。

## 6.2.1　设置参考标准

为了统一评价过程和结果,参照尺度评分法,将要素评价的健康度分为五个等级,如表 6-3 所示,并用评判集 $V=\{$优良中低差$\}$ 表示。

表 6-3　综合评价标准

| 等　级 | 评 估 结 果 | 标　准 |
|---|---|---|
| 优($V_1$) | 非常健康 | 效益很好,运作协调 |
| 良($V_2$) | 健康 | 效益好,运作较为协调 |

续表

| 等　级 | 评估结果 | 标　　准 |
|---|---|---|
| 中($V_3$) | 一般 | 效益较好,运作协调一般 |
| 低($V_4$) | 不健康 | 效益不太好,运作不太协调 |
| 差($V_5$) | 很不健康 | 没有效益,运作不协调 |

## 6.2.2　确定指标权重

用模糊层次分析法确定指标权重。先要计算层次单排序指标权重,再计算层次总排序权重并进行一致性检验,得到各项评价指标对目标层的相对重要性权值,计算步骤如下。

步骤1:计算各项性能指标局部权重及指标水平的一致性比率(如表6-4所示)。财务维度、内部流程维度、顾客维度、学习与成长维度均为$3 \times 3$矩阵,一致性比率($\lambda^*$)均大于0,说明判断矩阵具有较好的一致性。

表 6-4　智能汽车产业创新生态系统健康度指标局部权重量表

| 财务维度 $S_1$ | $C_1$ | $C_2$ | $C_3$ | $W$ |
|---|---|---|---|---|
| $C_1$ | 1,1,1 | 3,4,5 | 6,7,8 | 0.39 |
| $C_2$ | 1/5,1/4,1/3 | 1,1,1 | 2,3,4 | 0.31 |
| $C_3$ | 1/8,1/7,1/6 | 1/4,1/3,1/2 | 1,1,1 | 0.30 |
| $\lambda^*$ | | 0.602 | | |
| 内部流程维度 $S_2$ | $C_4$ | $C_5$ | $C_6$ | $W$ |
| $C_4$ | 1,1,1 | 2,3,4 | 4,5,6 | 0.40 |
| $C_5$ | 1/4,1/3,1/2 | 1,1,1 | 4,5,6 | 0.31 |
| $C_6$ | 1/6,1/5,1/4 | 1/6,1/5,1/4 | 1,1,1 | 0.29 |
| $\lambda^*$ | | 0.328 | | |
| 顾客维度 $S_3$ | $C_7$ | $C_8$ | $C_9$ | $W$ |
| $C_7$ | 1,1,1 | 7,8,9 | 4,5,6 | 0.45 |
| $C_8$ | 1/9,1/8,1/7 | 1,1,1 | 3,4,5 | 0.33 |
| $C_9$ | 1/6,1/5,1/4 | 1/5,1/4,1/3 | 1,1,1 | 0.22 |
| $\lambda^*$ | | 0.507 | | |

续表

| 学习与成长维度 $S_4$ | $C_{10}$ | $C_{11}$ | $C_{12}$ | $W$ |
|---|---|---|---|---|
| $C_{10}$ | 1,1,1 | 5,6,7 | 2,3,4 | 0.31 |
| $C_{11}$ | 1/7,1/6,1/5 | 1,1,1 | 2,3,4 | 0.34 |
| $C_{12}$ | 1/4,1/3,1/2 | 1/4,1/3,1/2 | 1,1,1 | 0.35 |
| $\lambda^*$ | | 0.564 | | |

表 6-3 中,从财务维度看,各指标内控要素表现排序为 $C_1$(系统总收入, 0.39), $C_2$(贷款的获得能力,0.31), $C_3$(企业平均 R&D 投入占销售收入比, 0.30), $C_1$ 较 $C_2$、$C_3$ 权重略高,为 0.39,表明生态系统总盈利能力最为重要, 总盈利能力比较突出,系统才会呈现出良性的循环,其生存和发展才能得到 保障; $C_2$、$C_3$ 权重相当,分别为 0.31、0.30,表明融资能力和产出能力同等重 要,融资能力能给系统发展带来稳定的支撑;产出能力则反映系统的整体管 理水平。从内部流程维度看, $C_4$(授权发明专利数)权重为 0.40,列为重要指 标,表明系统的技术创新产出仍然是系统可持续发展的关键,系统组织管理 人员应该注重塑造良好的内部环境,尽可能为创新活动提供各种服务,为创 新效益的提升提供动力。从顾客维度看, $C_7$(主导产品的市场占有率,0.45) 列为重要指标,是指标 $C_8$(新产品产值率,0.33)的 1.4 倍,是 $C_9$(技术市场成 交合同金额,0.22)的 2.04 倍左右,基于智能汽车产业生态系统构建的目的是 加大主导产品市场渗透率这一特征,将其作为重点指标似乎是合理的。最 后,从学习与成长的维度看, $C_{10}$(研发和技术服务机构数)、$C_{11}$(创新生态 系统发展的政策体系)、$C_{12}$(创新创业文化)权重接近,指标权重排序结果表明, 智能汽车产业生态系统不仅要强调科研组织的协调发展,同时,也要重视政 策体系的引导和支撑。

步骤 2:计算 BSC 四个维度权重(如表 6-5 所示)。

表 6-5　智能汽车产业生态系统健康维度权重量表

| 维度 | $S_1$ | $S_2$ | $S_3$ | $S_4$ | $W$ |
|---|---|---|---|---|---|
| $S_1$ | 1,1,1 | 4,5,6 | 3,4,5 | 4,5,6 | 0.30 |
| $S_2$ | 1/6,1/5,1/4 | 1,1,1 | 2,3,4 | 2,3,4 | 0.24 |

续表

| 维度 | $S_1$ | $S_2$ | $S_3$ | $S_4$ | $W$ |
|---|---|---|---|---|---|
| $S_3$ | 1/5,1/4,1/3 | 1/4,1/3,1/2 | 1,1,1 | 1,2,3 | 0.25 |
| $S_4$ | 1/6,1/5,1/4 | 1/4,1/3,1/2 | 1/3,1/2,1 | 1,1,1 | 0.21 |
| $\lambda^*$ | 0.475 | | | | |

表 6-4 中,专家判定 $S_1$(财务维度 0.30)为最重要的维度指标,表明在智能汽车产业生态系统当中,财务活动的健康仍然是整个系统的中心环节。但从四个维度权重值及其排序可以看出,$S_2$(内部流程维度,0.24)与 $S_3$(顾客维度,0.25)权重相当,$S_1$ 权重仅相当于 $S_2$、$S_3$ 权重的 1.2 倍左右,还不到 $S_4$(学习与成长,0.21)权重的 1.45 倍(0.30/0.21),这表明虽然财务维度较为重要,但四个维度是互相联系、互相牵制的。

步骤 3:检查每个比较矩阵的一致性比率,确定是否需要进行新一轮的指标评估。无论是表 6-3 还是表 6-4 的比较矩阵,我们都可以看出,专家组的判断存在某种程度上的不一致性。如表 6-4,第一列中的学习与成长权重与内部流程权重的比例和最后一列中两者权重的比例是有差别的。因而,为了让整个评估结果更加科学、有效,在专家第一轮评估之后,需要检查各判断矩阵的一致性比率。一致性比率小于 0(即一致性太低),专家需要重新判定每个评估指标的相对重要性,直到它们到达一个合理的一致性比率。

步骤 4:依据指标局部权重和维度权重,计算各指标综合权重(如表 6-6 所示)。

表 6-6  智能汽车产业生态系统健康指标综合权重量表

| 维度 | | 权重 | | 维度 | | 权重 | |
|---|---|---|---|---|---|---|---|
| $S_1$ | 指标 | 局部权重 | 综合权重 | $S_2$ | 指标 | 局部权重 | 综合权重 |
| $W=0.30$ | $C_1$ | 0.39 | 0.117 | $W=0.24$ | $C_4$ | 0.40 | 0.096 |
| | $C_2$ | 0.31 | 0.093 | | $C_5$ | 0.31 | 0.074 |
| | $C_3$ | 0.30 | 0.090 | | $C_6$ | 0.29 | 0.070 |

续表

| 维度 $S_3$ | 指标 | 权重 | | 维度 $S_4$ | 指标 | 权重 | |
|---|---|---|---|---|---|---|---|
| | | 局部权重 | 综合权重 | | | 局部权重 | 综合权重 |
| $W=0.25$ | $C_7$ | 0.45 | 0.113 | $W=0.21$ | $C_{10}$ | 0.31 | 0.065 |
| | $C_8$ | 0.33 | 0.083 | | $C_{11}$ | 0.34 | 0.071 |
| | $C_9$ | 0.22 | 0.055 | | $C_{12}$ | 0.35 | 0.073 |

表 6-5 中,指标综合权重是指该指标对智能汽车产业生态系统健康总目标的贡献,其数值是由该指标的局部权重乘上所属维度的权重得来,例如: $C_1$ 的综合权重 $= C_1$ 的局部权重 × 维度 $S_1$ 的权重 $=0.39 \times 0.30 = 0.117$。

## 6.2.3　评价结果与分析

（1）专家评判

专家根据上海智能汽车产业生态系统实际调研得到的数据及相关资料,对系统的健康度相关评估指标打分、评判,结果见表 6-7。

表 6-7　智能汽车产业生态系统健康度模糊评估数据表

| 评价指标和权重分配 | | | | 评价结果 | | | | |
|---|---|---|---|---|---|---|---|---|
| 维度 | 权重 | 指标 | 综合权重 | 优 $V_1$ | 良 $V_2$ | 中 $V_3$ | 低 $V_4$ | 差 $V_5$ |
| 财务维度 $S_1$ | 0.30 | $C_1$ | 0.117 | 2/7 | 2/7 | 2/7 | 1/7 | 0 |
| | | $C_2$ | 0.093 | 2/7 | 3/7 | 1/7 | 1/7 | 0 |
| | | $C_3$ | 0.090 | 1/7 | 2/7 | 3/7 | 1/7 | 0 |
| 内部流程维度 $S_2$ | 0.24 | $C_4$ | 0.096 | 2/7 | 3/7 | 1/7 | 0 | 1/7 |
| | | $C_5$ | 0.074 | 1/7 | 2/7 | 2/7 | 1/7 | 1/7 |
| | | $C_6$ | 0.070 | 0 | 2/7 | 2/7 | 3/7 | 0 |
| 顾客维度 $S_3$ | 0.25 | $C_7$ | 0.113 | 0 | 0 | 3/7 | 4/7 | 0 |
| | | $C_8$ | 0.083 | 1/7 | 1/7 | 2/7 | 3/7 | 0 |
| | | $C_9$ | 0.055 | 1/7 | 2/7 | 2/7 | 2/7 | 0 |

续表

| 评价指标和权重分配 | | | | 评 价 结 果 | | | | |
|---|---|---|---|---|---|---|---|---|
| 学习与成长维度 $S_4$ | 0.21 | $C_{10}$ | 0.073 | 3/7 | 3/7 | 1/7 | 0 | 0 |
| | | $C_{11}$ | 0.071 | 1/7 | 3/7 | 2/7 | 1/7 | 0 |
| | | $C_{12}$ | 0.065 | 1/7 | 2/7 | 2/7 | 2/7 | 0 |

（2）综合计算

财务维度 $S_1$ =（系统总收入 $C_1$；贷款的获得能力 $C_2$；企业平均 R&D 投入占销售收入比 $C_3$），根据表 6-6 中的权重及专家评定数据，可知财务维度评定矩阵 $\boldsymbol{R}_{S_1}$ 为

$$\boldsymbol{R}_{S_1} = \begin{bmatrix} C_1 \\ C_2 \\ C_3 \end{bmatrix} = \begin{bmatrix} \dfrac{2}{7} & \dfrac{2}{7} & \dfrac{2}{7} & \dfrac{1}{7} & 0 \\ \dfrac{2}{7} & \dfrac{3}{7} & \dfrac{1}{7} & \dfrac{1}{7} & 0 \\ \dfrac{1}{7} & \dfrac{2}{7} & \dfrac{3}{7} & \dfrac{1}{7} & 0 \end{bmatrix}$$

财务维度权重矩阵 $\boldsymbol{W}_{S_1}$ 为

$$\boldsymbol{W}_{S_1} = (0.117 \quad 0.093 \quad 0.090)\boldsymbol{P}$$

由此可以得到

$$\boldsymbol{P}_{S_1} = \boldsymbol{W}_{S_1} \times \boldsymbol{R}_{S_1} = \begin{bmatrix} 0.117 & 0.093 & 0.090 \end{bmatrix} \begin{bmatrix} \dfrac{2}{7} & \dfrac{2}{7} & \dfrac{2}{7} & \dfrac{1}{7} & 0 \\ \dfrac{2}{7} & \dfrac{3}{7} & \dfrac{1}{7} & \dfrac{1}{7} & 0 \\ \dfrac{1}{7} & \dfrac{2}{7} & \dfrac{3}{7} & \dfrac{1}{7} & 0 \end{bmatrix}$$

$$= (0.016 \quad 0.019 \quad 0.025 \quad 0.008 \quad 0)$$

归一化处理得到 $\boldsymbol{P}_{S_1} = (0.254 \quad 0.306 \quad 0.414 \quad 0.032 \quad 0)$，说明：健康度优的隶属度为 0.254、健康度良的隶属度为 0.306、健康度中的隶属度为 0.414、健康度低的隶属度为 0.032、健康度差的隶属度为 0，依据隶属度最大原则，可以评定财务维度健康度为"中"。

同理可得，内部流程维度健康度为 $\boldsymbol{P}_{S_2} = (0.204 \quad 0.306 \quad 0.214 \quad 0.132 \quad 0)$，

归一化处理结果为 $P_{S_2} = (0.104 \quad 0.378 \quad 0.334 \quad 0.132 \quad 0.007)$，评定内部流程维度健康度为"良"；顾客维度健康度为 $P_{S_3} = (0.013 \quad 0.015 \quad 0.023 \quad 0.018 \quad 0)$，归一化处理结果为 $P_{S_3} = (0.003 \quad 0.025 \quad 0.029 \quad 0.008 \quad 0)$，评定顾客维度健康度为"中"；学习与成长维度健康度为 $P_{S_4} = (0.011 \quad 0.015 \quad 0.007 \quad 0.003 \quad 0)$，归一化处理结果为 $P_{S_4} = (0.313 \quad 0.4 \quad 0.19 \quad 0.086 \quad 0)$，评定学习与成长维度健康度为"良"。

基于以上的评估结果，可以计算智能汽车产业生态系统整体健康度为

$$P = (0.30 \quad 0.24 \quad 0.25 \quad 0.21) \times \begin{pmatrix} 0.016 & 0.019 & 0.025 & 0.008 & 0 \\ 0.204 & 0.306 & 0.214 & 0.132 & 0 \\ 0.013 & 0.025 & 0.029 & 0.008 & 0 \\ 0.011 & 0.015 & 0.007 & 0.003 & 0 \end{pmatrix}$$

$$= (0.007 \quad 0.016 \quad 0.022 \quad 0.008 \quad 0.005)$$

归一化处理得到 $P = (0.159 \quad 0.371 \quad 0.408 \quad 0.183 \quad 0.115)$，同样依据隶属度最大原则，可以评定：智能汽车产业生态系统健康度评估结果为"中"。

结合专家评判和综合计算，可以看出：财务维度健康度评估结果为"中"，其中系统总收入和贷款的获得能力表现均为中等，整个系统内资金的获得和循环能力较弱，没有得到很好的挖掘。内部流程维度健康度为"良"，表现突出的是授权发明专利数，但基础设施完善程度不够，导致系统内整体的技术产业化能力低，难以在较短的时间能让智能汽车的使用成为大概率事件。顾客维度健康度为"中"，其中新产品产值率极度欠缺，这和内部流程维度的结论较为一致，一方面是技术产业化较低，另外一方面是消费智能汽车的各种环境不充分。学习与成长维度健康度为"良"，现阶段智能汽车创新生态系统比较注重各方的合作，但创新创业文化的建设有待提高。

第七章
健康度提升

通过上文对智能汽车产业创新生态系统演进、治理的分析，以及生态系统健康度的评估，本章研究基于 BSC 理论分别从财务、内部流程、顾客、学习与成长 4 个维度对智能汽车产业创新生态系统健康度的提升提出相关对策建议。

# 7.1 财务维度健康度提升路径

## 7.1.1 合理利用财务资源

我国汽车企业研发投入力度不够有其深刻的产业发展历史原因。长期以来，汽车工业一直落后于西方，在改革开放初期多借鉴日本和韩国的技术创新模式：向发达国家购买技术，快速转化为现实的生产力，发挥国内劳动力和市场优势，然而这种以市场换技术的发展策略并没有换来先进技术。我国汽车工业起步晚，要在智能汽车制造未来的发展中奋起直追，甚至是"弯道超车",就要发展智能驾驶自主研发技术,进而形成有竞争力的自主品牌。自主研发技术的大量产出需要增加研发投入来提高研发能力,而研发投入包括研发费用和研发人员,中国汽车企业的研发投入强度(研发费与主营业务收入的比)一般在 2% 左右,而国际主要汽车企业这个比率均超过 5%,研发投入还有很大提升空间。

首先,建立科技管理部门与银行的合作机制,推进科技担保体系和科技金融服务体系建设。重点解决生态系统内部中小制造企业的信贷融资问题,建立和完善"政府协调引导、银行合作支持、担保积极配合、企业主动参与"的融资服务平台,探索联保贷款、出口退税贷款、股权质押贷款、知识产权质押贷款等多种灵活的担保贷款方式;鼓励设立商业性担保机构和互助性担保基金,建立担保风险补偿资金。建立汽车制造企业投融资促进网络,探索建立企业、银行、创投机构、担保机构、券商、管理咨询机构等相互联系的机制。

其次,进一步完善金融服务政策。充分依据智能驾驶技术创新发展战略规划、产业发展的布局、生态系统现状等,将政府投入和科技贷款进行更合理的配置以达到资金的合理利用。建立适合产业生态系统的、信息对称的科技计划信用体系和科技信用信息体系,结合电子政务工程,建立科技计划信用数据库。在此基础上逐步建成科技计划信用信息与评价平台系统,实现信用信息共享,实行鼓励与惩处结合。同时,还可以通过给予投融资机构优惠政策的方式,引导投融资机构支持系统内创新主体的研发活动。

最后,充分利用生态系统内部创新主体企业的自有资金。企业内部资金的最大优势在于契约限制少,运用灵活,这部分资金应成为研发投资的首选。同时,通过非补贴政策引导创新主体企业积极将内部资金投入研发还可以避免陷入补贴依赖,快速地提升研发投入效率,促进良性生态圈的形成。在智能驾驶汽车导入阶段很多企业过度依赖高额财政补贴和配套政策,如比亚迪,根据比亚迪的年报数据,2012 年计入营业外收入的政府补助就高达 5.5 亿元,占当年净利润的 258%,从财务角度而言,比亚迪 2012 年主营业务是亏损状态,完全靠着政府补助度日。2013 年度、2014 年度,这一比例分别为 87% 和

107%,到 2015 年才略有好转,降为 18.5%。在研发投入方面,2012—2015 年比亚迪销售收入成倍增长,而研发投入仅从 25 亿元增长到 45 亿元,研发投入强度不但没有增长,反而出现一定程度的下降。

## 7.1.2 完善市场消费环境

全球汽车保有量的提升及消费者需求的多样化也会极大地促进全球智能汽车市场的快速发展。特别是"80 后"和"90 后"逐渐成为汽车市场消费主体,这些有着极强个性的年轻车主,开始追求彰显个性、性能独特的车型,智能汽车等逐渐成为一种消费时尚;高端化、智能化、品牌化、品质化、定制化已成为未来汽车销售市场的主流方向。因此,人均可支配收入也影响着智能汽车产业的发展。同时,智能汽车产业可以带动整体产业链的发展,创造的经济价值及岗位能增加人均可支配收入,人均可支配收入的增多更加促进汽车的销量,最终也会形成一个良性的生态循环。曹悦恒(2018)研究显示,购车指数=(居民人均可支配收入/家用轿车均价)×100%,中国家庭购车指数近年来有较大幅度的增长,购车指数从 1995 年到 2016 年增长了14.88 倍。尽管如此,我国的人均可支配收入是美国的 1/9,是德国和日本的 1/8,是韩国的 1/4,仍有很大的发展空间,同时也说明家用汽车在中国还有较大的市场潜力。

收入水平方面,我国人均可支配收入水平呈现持续、平稳增长的态势,不会出现急剧的增加或减少。中国仍处于汽车普及期,保有量偏低、刚性需求快速提升的二三线地区是为汽车销量增长提供空间的重要区域。截至 2016年 6 月底,全国汽车保有量达 1.84 亿辆,而北京、上海、广州、深圳、重庆等 46个一线城市与部分二线城市汽车保有量达 6000 万辆,占比全国汽车保有量1/3,二三线城市仍有较大的市场空间。

另外,跟其他国家相比,中国消费者的观念一直趋于保守,近年来在中国贷款买房已经普遍被接受,但贷款买车还远远没有普及。目前汽车厂商纷纷尝试用汽车金融的各种优惠政策来鼓励消费者,用以改变消费者的消费行为,来刺激汽车的销量。成果也较为明显,十年前中国汽车消费金融渗透率(贷款买车占汽车总销量的比例)不足 5％,但在 2017 年已经上升至 25％。尽管如此,还有很大的发展空间,发达国家的汽车消费渗透率达 70％以上。而汽车厂商对于汽车金融的各种补贴也远远少于利润的获取,根据汽车产业链利润分布显示,汽车金融占总利润比为 23％,新车销售利润占比只有 5％。另外发展汽车金融的前提是建立完善的个人信用体系,从而控制风险。我们可以借鉴外国成熟的经验,由政府、银行、保险公司一起建立一套完整的信用评价体系,或者成立一个信用公司,在汽车金融方面共同承担信贷风险,在确保安全的前提下,通过降低利息或免息,延长还款的年限,来鼓励消费者对于汽车产品的消费。

# 7.2　内部流程维度健康度提升路径

## 7.2.1　改善系统创新模式

在传统汽车领域,我国的汽车产业竞争力较弱,这已是不争的事实。但在新能源领域以及智能驾驶领域,我国有较强的实力,在国际上的地位也是不可小觑。国内的比亚迪和 CATL 的电池技术已经在全球属于领先水平。2018 年北京车展上,互联网企业展出各自量产或概念车,自主品牌的企业纷纷展出各自品牌的新能源汽车,掀起了国内智能汽车、新能源车的潮流。这些企业能否挤入汽车产业并占领一席之地,归根结底还是看它们的智能驾驶、新能源技术是否具有竞争力。国际上一些评论说我国汽车产业水平目前较落后,在智能驾驶和新能源领域有望实现"弯道超车",实际上,在智能驾驶领域,我国汽车产业确实可以一展实力。目前,我国智能汽车产业需要努力的,就是建立技术创新体系,制定技术创新战略,通过各方面领先的创新赋能产业快速发展。

首先,促进企业成为智能驾驶技术创新生态系统的真正主体,加快系统技术创新步伐,增加智能驾驶技术含量。在激烈的竞争环境中,提高核心竞争力是智能汽车制造企业生存和发展的关键,企业要通过技术创新和品牌建设提升核心竞争力,从而带动整个产业生态系统创新能力和竞争力的提升。应完善以智能汽车制造企业为创新主体的创新生态系统建设,鼓励企业开展技术创新和自主品牌建设;还应鼓励和支持智能汽车制造企业参与各项科技计划,对具有明确市场前景的项目,可以通过政府牵头组织、企业重点落实、高校和科研院所共同参与的形式实施。

其次,创新制造工艺和制造模式,提高智能汽车的质量与品质。智能汽车的创新除了关键技术外,制造工艺方面也需要进一步提升。智能汽车的生产制造相比传统汽车存在比较大的差距,因此,企业应考虑在多方面进行优化,提升产品性能和质量。在智能汽车制造方面,要关注智能网联的设计、总装等新要求,要把云计算和网络化等环境下的汽车操作系统的研发确立为新的发展方向,积极鼓励国内汽车操作系统相关企业加快转型为云计算服务提供商,从而在云计算时代获得新的竞争优势。在智能汽车产品设计方面,要重视性能和适用,比如特斯拉就完全采用了不同的材料,整个汽车外壳是铝合金材质,电机没有变速箱,这样的设计使得整车结构简单,性能优越。还要关注智能技术的安全性以及在智能化、数字化和网络化方面的综合应用,满足消费者对于智能汽车更高的消费需求。

最后,推动商业模式创新。随着第四次工业革命的到来,未来的汽车产业将是汽车与互联网结合的产业,更加智能化、定制化的制造发展方向将会带来多样化的汽车商业模式,传统的"推出汽车产品,进而拼销量"的方式可能在不久的将来会被取代。如特斯拉,它成功的销售模式在于率先采用智能化的系统,附带增值化的服务。目前的一款汽车产品往往有几种配置,消费者从这几种配置当中选择一个配置的汽车去购买,而未来的定制化的方式将是消费者感兴趣的功能可以在 APP 上逐一选择,选择之后在软件上下单,汽车厂商按照客户需求排产,直至发运、到货,消费者都可以在 APP 上进行跟踪,这是商业模式创新的一种。另外,共享汽车或者叫汽车分时租赁业务等共享模式将逐渐替代汽车购买这一行为。2017 年中国共享出行的经济规模已经达到 2 万亿美元,是一个巨大的市场。借助区块链的技术,共享汽车有朝一日将会有一个与共享单车完全不同的完善模式。

## 7.2.2 加强产业内外协同

智能汽车产业创新生态系统的运行和其他生态系统一样,离不开创新资源、信息的共享和流动。共享平台的建设要求对系统资源进行整合,形成资源、信息共享体系,该共享体系不仅提供智能汽车制造产业发展的相关政策、行业发展趋势、新技术演变动态等产业发展信息,还提供系统内智能制造企业、高校和科研机构、金融机构、中介机构的构成和服务内容、产学研合作案例等方面的内容。这些内容不仅可以让系统内的创新主体认清智能驾驶发展趋势和技术创新动态,从而有针对性地制定创新策略,还可以为创新主体相互间的合作提供平台,让他们能够迅速、准确地寻找到与自身优势互补的组织,开展高效的合作研发活动,实现生态系统内各类创新资源的整合和优化配置,使得创新资源能够在不同地域间自由流动。

最为重要的是,在智能驾驶资本技术和人才的投入上我国还存在一个严重问题:集中度不高,没有发挥相应作用。汽车产业的研发费用和试验费用是巨额的,研发风险也较大,政府可以通过实施智能制造发展规划,遴选出产业的重大科技资助项目,在生态系统内重点布局一批具有较强实力的重点实验室、工程技术中心、企业研究院和组建技术联盟,促进优势汽车制造企业的技术、知识向系统内溢出。战略联盟或共享平台为系统内的创新主体获取信息提供了正规的渠道,分摊了研发风险,在一定程度上能够极大地提高主体的创新速度和质量。同时,依托联盟或平台,可以最大限度地集聚和优化配置各类创新要素,改进创新治理的组织机制。因此,现阶段促进智能汽车产业创新生态系统合作创新网络的建设,围绕"操作系统+应用软件与数字内容服务+智能网联汽车"的产业生态体系,逐步构建整车企业、零部件企业、系统软件开发商、网络运营服务商、数字内容分发商、应用软件开发商、内容服务提供商等广泛参与、合作共赢的应用推广体系是发展智能汽车产业的高效路径。

### 7.2.3　强化基础设施建设

当汽车越来越智能,在不久的将来甚至取代人类驾驶员,必须考虑到道路的基础设施要跟着变,新的基础设施需要有新的思维方式。即便从提升效率、降低成本的角度来看,改造基础设施也是非常重要的。以激光雷达为例,自动驾驶汽车大多依赖极其昂贵的激光雷达来实现,每辆车配一个,整车成本就增加 10 万元,如果把激光雷达配在道路上,可以供很多车共享,成本就会大幅下降。同时,改造基础设施可以使交通拥堵状况得到大幅改善。众所周知,交通拥堵是困扰一些特大城市的一大难题,每年造成的经济损失数以千亿计,占 GDP 比重高达 5%。因此,基础设施改造升级势在必行,而基础设施建设恰恰是中国独特优势,全球领先且重金投入,四通八达的高铁网络便是最佳力证。通过路面的路测基础设施改进,不仅可以使自动驾驶的成本大幅度下降,也使没有自动驾驶能力的车减少路上拥堵时间。

智能驾驶与交通基础设施等方面的融合至关重要,围绕智能驾驶、网联汽车、智慧交通等方面的研发、试点和实践已经蓬勃展开。同济大学国家创新发展研究院执行院长李兴华认为,数字时代交通系统特征将体现为 6 点:以用户为中心、大规模网络、实时信息与开源数据、集成、依赖公共、私人间合作新模式,动态定价。在汽车"四化"的基础上,考虑到交通运输的社会性和经济性,他认为未来交通趋势会向"4+X"发展,"X"是指精准、韧性、绿色和公平,单车智能要想完成自动驾驶和智能网联的梦想,车路协同是必不可少的。但智能汽车产业现在的核心问题是,路和车之间没有融合。目前,我国已经开通上海、北京、重庆等地的道路测试。但对整个行业来说,自动驾驶相关的政策和道路法规的进一步完善,也成为业内关注的焦点。腾讯研究院在其发布的《2018 年全球自动驾驶法律政策研究报告》中称,自动驾驶系统作为新生事物,一开始处于"政策真空"当中,需要法律政策的革新。所以我们看到,美国、德国等各国政府已经纷纷承认了自动驾驶系统的合法地位,规范自动驾驶汽车的道路测试,允许将其应用于交通领域。

包含车、路、治理、社会等各重点要素的综合协同推进机制需要尽快起步,这种协同机制应该是具有顶层性质的、跨部门联席会议制的,是能推动在实践发展中协调解决问题的动态机制。值得注意的是,目前我国已经出台《新一代人工智能发展规划》《"互联网＋"人工智能三年行动实施方案》等文件,对智能交通战略布局中涉及的自动驾驶汽车、智慧城市均有明确部署。未来,还应该加快开展智能汽车基于多场景的示范应用,结合智能汽车的使用场景,探索构建道路交通场景库,为智能汽车产品的开发测试、安全性评价与能力评价提供基础支撑。

# 7.3  顾客维度健康度提升路径

## 7.3.1  加快创新成果转化

自动驾驶科技成果转化率偏低仍是我国智能汽车产业发展中的突出短板,研发机构的科研成果缺乏与制造企业之间的衔接,即便有一些很好的技术成果,但往往因为缺乏中试环节而不够成熟,企业又怕担风险,所以生产设计很谨慎,导致很多成果被束之高阁。打通"转化通道"让自动驾驶科技成果不再束之高阁是现在智能汽车产业发展的关键,不管是高校、科研院所还是汽车制造企业,研究方向都要着眼于市场应用。如何让科技成果转移转化加速?当下,部分地区规定,财政科技经费用于科技计划中市场类项目和企业牵头实施的项目比例均不低于80％,借以促使高校和科研院所的科研人员不能再"闭门造车",必须从一开始就面向市场进行科研项目立题,然后围绕市场需求做研究。有针对性地开展技术研发，将使高校及科研机构有的放矢。还有很多省市的企业或科研院所都设立了对科技成果进行二次开发和转化的研究院，政府采取后补助等方式对成果转化进行支持，鼓励企业积极参与成果测试，打通科技成果转化通道。

切实落实技术市场税收优惠政策，营造良好的技术市场发展环境，通过政府引导、市场化运作、信息资源整合，构建全方位、多层次的科技成果交易体系：建立技术转移基地，促进科技与经济的紧密结合，扩大对外技术交流；成立并完善各级、各行业生产力促进中心，为企业搭建信息中介服务、技术服务网络以及企业家办会、专家联谊会、信誉和信用等的组织公共服务平台；扶持建设一批以专利代理、技术评估、技术咨询、高新技术产品的推广等科技服务为主要职能科技咨询、科技评估和科技成果鉴定机构，形成网络化、专业化、规范化的科技中介服务体系，促进技术、市场与资本的结合。

## 7.3.2 打造系统开源生态

智能驾驶本身要实现智能，是集汽车自身智能、边缘计算、嵌入式人工智能、网络云端计算一体，整车智能与网络智能、计算机主控大脑与辅助大脑、传统控制与互联网人工智能的紧密结合。随着人类需求的深度挖掘，智能驾驶生态圈涉及内容越来越多，包括：高频服务 APP 合作，完善车联网服务体系，提供开放平台，丰富个性化服务等，智能汽车产业创新覆盖范围也会越来越大。谈到生态，我们将支付、信息平台、智能驾驶舱还有云端大数据，通过终端，人机交互联系起来，应该认识到，智能汽车产业创新生态系统是一个开放性的生态系统。

鼓励相关企业与全球众多的科研人员、开发者、硬件厂商、应用软件厂商、集成商一起合作，建设开源社区，打造融合化的自主创新体系，积极拓展创新生态系统外部网络，营造汽车操作系统基础资源共享环境。对智能汽车产业创新生态系统而言，外部联系网络主要包括两个层面：与国内其他地区智能汽车产业创新生态系统之间的合作交流，尤其要加强与智能制造实力较强地区的合作交流；与国外的合作交流,提升科技对外开放水准,立足于自主创新与鼓励合作的基本理念,着眼于保护本国利益和增强自主创新能力,有步骤、有选择地加大科技计划的对外开放力度。因此,在智能汽车产业创新生态系统形成初期,要降低系统外的创新主体进入系统的壁垒,通过制定人才流动政策、技术市场培育政策、知识产权保护政策等,鼓励外部环境中的人才、信息、技术等资源在系统内流动,从而形成流畅的资源流动、知识共享机制,推进智能汽车产业创新生态系统创新能力的整体发展。

# 7.4　学习与成长维度健康度提升路径

## 7.4.1　优化创新主体结构

优化整合科研机构资源、积极推动官产学研资介的有机结合,加快建立产学研战略联盟,如加快智能驾驶工程技术研究中心建设、加快智能驾驶重点实验室建设、建立智能汽车产业创新研发平台、加强院士工作站建设,通过多类联盟实现重大关键共性技术上的突破,进而带动智能汽车产业的快速发展。在联盟的基础上,形成以核心制造企业为主导的创新运营体系。在智能汽车产业创新生态系统的形成和发展过程中,核心制造企业起到发动机的作用。在核心制造企业的引领下,系统内企业、高校和科研机构、金融机构、中介机构等逐渐产生复杂联系,形成各式各样的复杂网络,并衍生出了更多的合作关系,加速智能汽车产业技术创新生态系统的形成及演化。

市场、技术不完善的背后,急需大量的人才来改善行业,但无论大型的进军智能汽车制造的汽车企业还是研发机构,符合要求的人才寥寥无几。为此,每年的毕业季,这些组织都会从北京到硅谷、从哈佛到 MIT 努力地去寻觅。在国内,珠三角的理工类顶级院校并不多,而这种前沿的深度学习、卷积神经网络的学科,往往先生根发芽于名校,其次再向其他院校扩展。新学科的设立不仅需要大量的人力、物力、财力,还需要优秀的老师抚育。名校容易获得申请经费,优秀的教授也愿意择木而栖。中山大学数据科学与计算机学院无人系统研究所所长黄凯无奈地表示,国内一个新学科的设立要经过上面的审核,通常的周期是 4 年左右,这已经非常不适合当下的技术发展速度。因此,在保障自动驾驶产业技术创新生态系统健康运行的过程中,必须制定科学有效的人才发展战略,建立有利于创新人才合理、有效流动的机制,如强化汽车领域与信息通信、互联网等领域之间的人才交流;加快培养一批具有国际领先技术水平的专家和学术带头人,培养和锻炼一批从事智能汽车技术研发的创新团队;制定吸引创新人才的激励政策,建立重大智能汽车项目与人才引进联动机制,加大从国外和跨国企业引进领军人才和技术研发骨干的力度。

## 7.4.2　健全政策引导机制

智能驾驶产业技术创新生态系统的产生可能源于偶然因素,也可以是政府主导的,但是智能驾驶产业技术创新生态系统的成功发展一定离不开政府的支持。在产业创新生态系统的不同阶段,政府的作用有所不同、职能有所转变。政府应促进创新政策的普及和应用,加快推广效果显著的先行先试政策,强化知识产权、标准、税收等政策工具的利用,逐步将国家对技术创新的投入方式转变为以普惠性财税政策为主,完善生态系统内研发费用计核方法,调整目录管理方式,扩大研发费用加计扣除优惠政策适用范围。创新政策宣传方式和途径,更多依托现代互联网信息技术和新媒体平台,更加快捷地为创新创业提供技术支撑、公共政策服务等。同时,以市场为导向,以创新环境建设为重点,加强创新政策整体设计和协调配合,推动政策由研发向创新链条一体化整体设计转变。

首先,完善政府对高校和科研机构的科技投入政策,实现智能汽车产业创新生态系统优势创新资源的合理利用。高校和科研机构作为智能汽车产业创新生态系统的创新源泉,也必须受到重视。应持续加强对高校和科研机构的基础教育和研发投入,确保其为智能汽车产业创新生态系统的创新活动提供必要的科技教育和技术支持,重点改善教育条件和环境,把提高综合素质和创新思维作为教育的重点。此外,应鼓励建设研究型、创新型的高校和科研机构,提高高校和科研机构的研究向应用型转变,从而为产学研的合作形成无缝连接。

其次,完善市场监管,建立市场需求导向的智能驾驶技术创新政策。智能汽车产业创新的目的就是为了提高智能汽车制造业市场竞争力,技术创新能否成功取决于创新的市场实现程度,因此,要加强市场监管、规范竞争。然而,智能汽车产业创新生态系统内的创新主体陷入恶性竞争的原因之一,就是系统内知识产权保护不力,创新动力不足。对知识产权保护不力,大大挫伤了投资者和创新者的积极性,最终成为技术创新的阻力。因此,为了促进智能汽车产业创新生态系统的创新,需要加大知识产权保护力度。依托《专利法》《商标法》等法律,制定和出台保护知识产权和促进技术创新的相关法规与条例。当创新产品恰好是当前市场需求的产品时,创新能够迅速地扩散和转化。然而对一些当前市场需求力不足但具有巨大的市场潜力的创新技术,政府应充分发挥其引导效应。特别是对技术含量高、市场需求预期不明朗以及产学研合作创新产品,政府要起到表率作用,通过优先采购该创新产品的方式,帮助企业树立市场形象,提高相关产品的市场竞争力。

最后,完善科技中介服务政策。科技中介服务体系是智能汽车产业创新生态系统有效运行的催化剂,因此,要加强科技中介服务体系建设,加速系统内创新成果的转化和扩散。政府应制定科技中介服务机构的扶持政策,通过担保、补贴、税收、设立专项扶持资金等方式,对科技中介机构提供资金支持。同时,还需要建立技术和咨询服务系统。技术和咨询服务系统是促进智能驾驶技术创新成果商业化、产业化的重要渠道,因此要加快建立技术与咨询中介服务体系。有重点地扶持技术交易中心的建设,完善技术交易手段,积极推进技术交易中心成长为创新成果与创业资本直接连通的交易平台。最重要的是,政府有关部门应制定科技中介机构的发展规划和切实加强监管机制,明确中介服务的行为规范,提高系统内中介机构的执业能力和服务水平。科技中介服务体系的建设是智能汽车产业创新生态系统发展基础,应该纳入系统发展规划中。

### 7.4.3　构建高效运营环境

在智能汽车产业创新生态系统的演化过程中,强化系统的创新能力是推进系统持续成长必须解决的问题。强化系统创新能力应优化系统的学习环境、引导系统内创新主体在该生态系统内部形成有序的竞争态势,促进创新主体间的良性互动,推进系统内部的知识溢出和资源共享。

第一,优化智能汽车产业创新生态系统的学习环境。在生态系统的演化过程中,强化系统的创新能力是推进系统持续成长必须解决的问题。强化智能汽车产业创新生态系统的创新能力应优化系统的学习环境、引导系统内创新主体在该生态系统内部形成有序的竞争态势,促进创新主体间的良性互动,推进系统内部的知识溢出和共享。在智能汽车产业技术创新生态系统演化过程中,要形成良好的系统学习环境,积极鼓励系统内的制造企业之间、制造企业与高校和科研机构之间的知识互动。政府应通过政策、项目、财税等手段,促进制造企业间自发的共同研发、共建研究机构,促进制造企业间的知识流动。此外,政府还应该积极推进高校和科研机构融入企业网络内,展开知识的交流和合作,改变企业、高校和科研机构分块发展的局面。

第二,强化智能汽车产业创新生态系统的创新扩散。在智能汽车产业创新生态系统的演化过程中,智能驾驶技术的创新扩散是实现系统有序演化的途径。技术创新的信息,技术和其他资源能否及时有效地在的制造者和需求者之间传递和转移,在很大程度上取决于技术创新者对技术创新成果的推广积极性、技术转移和扩散渠道是否完备畅通以及创新技术转化者的吸收能力。因此,营造技术流通环境,强化技术创新在系统内的扩散,是推进智能汽车产业创新生态系统有序演化的重要环节。创新扩散需要关注两个环节:一是技术创新者进行创新扩散的主动性和积极性,因此,政府应积极鼓励创新者进行技术创新推广,提供相关交流平台,在这个过程中尤其应注重对创新者创新效益和知识产权的保护。二是技术创新扩散渠道的完备、通畅、多元化,政府应该积极协助完善技术创新扩散渠道的建立,将技术创新者和创新技术使用者连接起来,从而让技术创新采纳者对技术的发展前景和先进性有更深的了解,促进技术创新在系统内的扩散,当前我国的技术转移机构的服务大多局限于"牵线搭桥式"的信息服务,尚未形成跨地区和跨国的技术中介集团,技术转移和扩散能力不足。

第三,健全完善促进智能网联汽车发展的标准法规。按照"统筹规划、适度超前"的原则,积极开展综合标准化体系建设,针对智能汽车车载终端、通信协议、测试评价、信息安全及其他关键技术制定统一标准。积极开展适用于智能汽车道路交通规范修订工作,推动实施对《道路交通安全法》等法律的修订或部分条款豁免,完善关于交通事故责任认定的法律法规,构建符合我国国情的智能汽车和智能交通法律法规体系。加强对智能汽车产业知识产权及专利技术的保护,建立健全智能网联信息和数据安全管理机制。

# 参考文献

［1］ Acs Z. J, Szerb L. 2007, Entrepreneurship, economic growth and public policy. *Small Business Economics*, vol. 28, no 2, p. 45-51.

［2］ Armando J. Garcia Pires, 2012, International trade and competitiveness. *Economic Theory*, vol. 3, no2, p. 727-763.

［3］ Bell, Michael G. H., 2012, Presence of Urban ITS Architectures in Europe: Results of a Recent Survey, *Ingegneria Ferroviaria*, vol. 67, no5, p. 447-467.

［4］ Boudreau. 2010, Open Platform Strategies and Innovation: Granting Access versus Devolving Control, *Management Science*, vol. 56, no. 10, p. 1849-1872.

［5］ Brown S., Pyke D. and Steenhof P. 2010, Electric Vehicles: The Role and Importance of Standards in an Emerging Market, *Energy Policy*, vol. 38, p. 3797-3806.

［6］ Christensen C., 1997, *The innovator's dilemma*. Boston: Harvard Business School Press.

［7］ Ciampi. *Enchaning EuroSypean Competitiveness*. Banca Nazinale di Lavoro Quarterly Review, 1997.

［8］ Claesson A. 2006, A Configurable Component Framework Supporting Platform-Based Product Development, Ph. D. Thesis, *Product and Production Development*, Chalmers University of Technology, Gothenburg, Sweden.

［9］ Coelli T., Rao P. and Battese G. E., An Introduction to Efficiency and Productivity Analysis. Boston: Kluwer Academic Publishers, 1998.

［10］ Cooke P. 2012, From Clusters to Platform Policies in Regional Development, *European Planning Studies*, vol. 20, no. 8, p. 1415-1424.

［11］ Dong-Sung Cho, H Chang Moon, Min-Young Kim, 2008, Characterizing international Competitiveness in international business research: A MASI approach to national competitiveness. *Research in International Business and Finance*, vol. 22, no4, p. 175-192.

[12] Edholm P. Johannesson H. and Derberg R, 2010, Geometry Interactions in Configurable Platform Models, *International Design Conference - DESIGN* 2010, May 17-20, Dubrovnik, Croatia.

[13] Ehsan U. Choudhri, Lawrence L. and Schembri. 2002, *Productivity Performance and International Competitiveness: A New Test of an Old Theory*. Carleton Economic Papers, Department of Economics, Carleton University.

[14] Eisenmann T. R, Parker G. and van Alstyne M. 2008, Opening Platforms: How, When and Why, Working Paper 09-030, *Harvard Business School*, August.

[15] Evans D S., Hagui A. and Schmalensee R. 2006, *Invisible Engines: How Software Platforms Drive Innovation and Transformation Industries*, Cambridge, MA: MIT Press.

[16] Gassmann O. 2006, Opening up the innovation process: towards an agenda. *R&DManagement*, vol. 36, no 3, p. 18-27.

[17] Gawer A., Cusumano M A. 2009, How Companies Become Platform Leaders, *MIT Sloan Busienss Review*, vol. 49, no. 2, p. 8-12.

[18] Gedell S., Michaelis MT. and Johannesson H. 2011, Integrated Model For Co-Development of Products and Production Systems-A Systems Theory Approach, *The Journal of Concurrent Engineering: Research and Applications*, vol. 19, no. 2, p. 139-156.

[19] Helen N., Rothberg G. and Scott Erickson. *From Knowledge to Intelligence: Creating Competitive Advantage in the Next Economy*. Butterworth-Heinemann, 2004.

[20] Hernandez G., Allen JK, and Mistree F. 2003, Platform Design for Customizable Products as a Problem of Access in a Geometric Space, *Engineering Optimization*, vol. 35, no. 3, p. 229-254.

[21] Jan Fagerb, 1995, User—Producer Interaction, Learning and Comparative Advantage. *Oxford Journals*, vol. 19, no1, p. 243-256.

[22] John H. Dunning, Arianna M. Lundan, 1998, The geogra phical sources of competitiveness of multinational enterprises: an econometric analysis, *International Business Review*, no3, p. 115-133.

[23] Knox Lovell. C. A., 2003, The Decomposition of Malmquist Productivity Index. *Journal of Productivity Analysis*, vol. 20, no4, p. 437-458.

[24] KutilaM. H., Jokela M., Kinen T. M., ViitanenJ., Driver cognitive distraction detection: feature estimation and implementation, *Journal of Automobile Engineering*. vol. 221, no1, p. 1027-1040.

[25] Miehael H. Best, *The new competitive advantage: the renewal of American industry*. NewYork: Oxford University Press, 2001.

[26] Mueller P. 2006. Exploring the knowledge filter：How entrepreneurship and university-industry relationships drive economic growth. *Research Policy*，vol. 35，no. 10，p. 34-37.

[27] Porter M. E.，1996，Competitive Advantage，Agglomeration Economics and Regional Policy，*International Regional Science Review*，vol. 19，no3，p. 85-90.

[28] Morris D.，Donnelly T.，2004，Supplier Parks in the Automotive Industry. *Supply Chain Management：an International* Journal，no9，p. 129-133.

[29] Philippe aghion，Christopher harris，Peter howitt，John vickers，2001，Competition，imitation and growth with step-by-step innovation The Review of Economic Studies. *Oxford*，no68，p. 467-492.

[30] R. J. Orsato，P. wells，2007，The Automobile Industry &. Sustainability. *Journal of Cleaner Production*，vol. 15，no11，p. 989-993.

[31] Rochet J C.，Tirole J. 2003，Platform Competition in Two-Sided Markets，*Journal of the European Economic Association*，vol. 1，no 4，p. 990-1029.

[32] Seliger G.，2007，Sustainability *Manufacturing*. Berlin：Recovery of Resources in Product and Material Cycles Springer.

[33] Zimmerman T. 2008，Implementing PLM Across Organisations，PhD thesis，*Department of Product and Production Development*，Chalmers University of Technology，Gothenburg.

[34] 陈坡，傅联英.异质性厂商合作研发的最优投入水平及其成本分摊机制[J].上海管理科学.2013,35（4）：10-14.

[35] 洪晓军.创新平台的概念甄别与构建策略[J].科技进步与对策,2008,(7)：6-9.

[36] 贾根良,刘辉锋.自组织创新网络与科技管理的变革[J].天津社会科学,2003,(1)：23-26.

[37] 金碚.产业国际竞争力研究[J].经济研究,1996,(11)：39-45.

[38] 柳卸林,我国产业创新的成就与挑战[J].中国软科学,2002,(12)：110-114.

[39] 骆品亮,陆毅,王安宇.合作 R&D 的组织形式与虚拟研发组织[J].科研管理,2001,23(6)：67-73.

[40] 潘镇,李晏墅.联盟中的信任———一项中国情景下的实证研究[J].中国工业经济,2008（4）：44-54.

[41] 芮明杰,张竣.产业创新战略———基于网络状产业链内知识创新平台的研究[M].上海：财经大学出版社,2009.

[42] 夏太寿,倪杰.区域科技创业公共服务平台建设的理论探讨[J].中国科技论坛,2006,(7)：36-39.

[43] 徐作圣,邱奕嘉,郑志强.产业经营与创新政策[M].台北：全华科技图书股份有限公司,2001.

[44] 姚小涛,席酉民.企业联盟中的知识获取机制：基于高层管理人员个人社会关系资源的理论分析框架[J].科学与科学技术管理,2008,(6)：52-61.

［45］ 郁义鸿.产业链类型与产业链效率基础[J].中国工业经济,2005,(11)：35-42.

［46］ 张维迎.博弈论与信息经济学[M].上海：上海人民出版社,2004.

［47］ 张运生,张利飞.高技术产业技术标准联盟治理模式研究[J].科研管理,2007, 28(6)：93-97.

［48］ 张治河.产业创新系统模型的构建与分析[J].科研管理,2006,(2)：36-39.

［49］ 赵岑,姜彦福.中国企业战略联盟伙伴特征匹配标准实证研究[J].科学学研究, 2010,28(4)：558-565.

［50］ 周青,韩文慧,杜伟锦.技术标准联盟伙伴关系与联强绩效的关联研究[J].科研管 理,2011,(8)：1-8.